LES BOISSONS

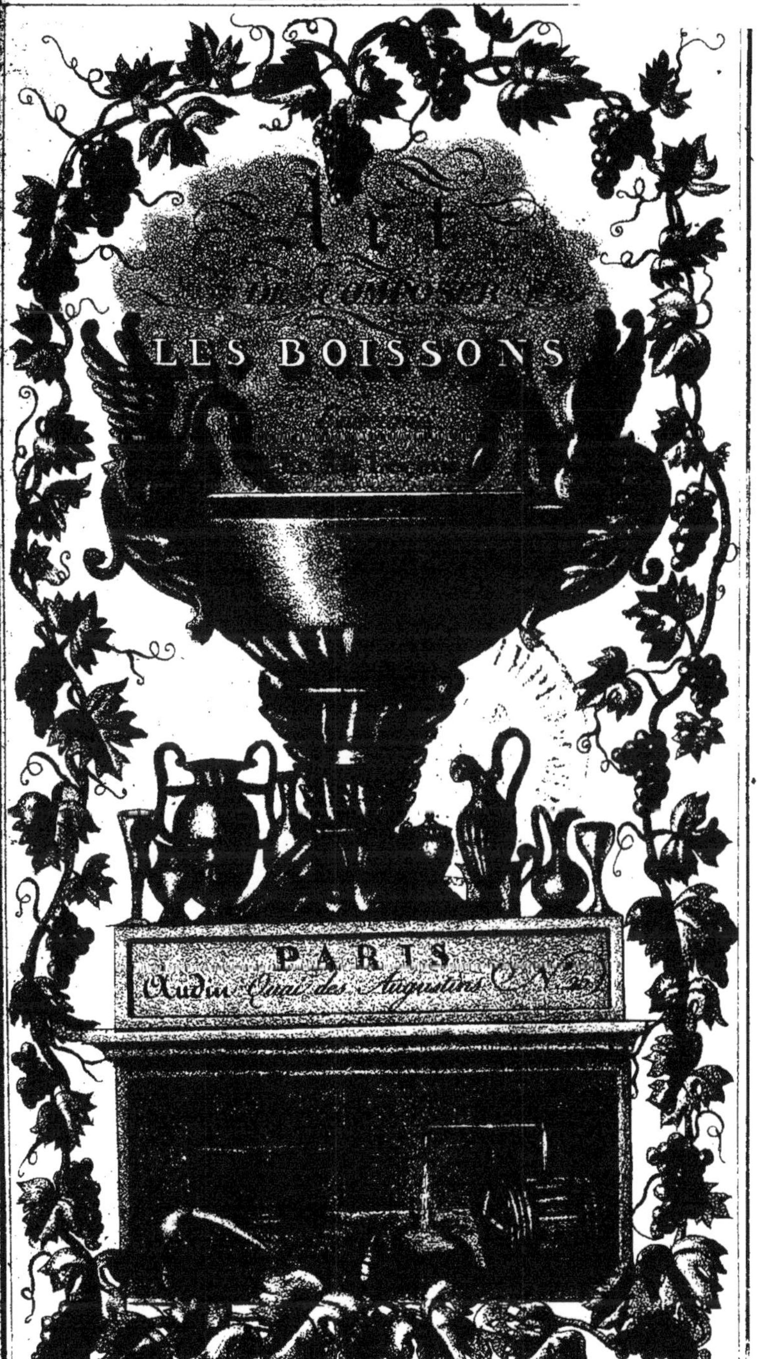

PARIS

Audin Quai des Augustins N° 25

L'ART

DE PRÉPARER, DE COMPOSER

ET DE CONSERVER

LES BOISSONS.

L'ART

DE PRÉPARER, DE COMPOSER

ET DE CONSERVER

LES BOISSONS

ET

LES LIQUEURS DE MÉNAGE,

ENSEIGNÉ EN XII LEÇONS.

Ouvrage indispensable aux distillateurs brûleurs, distillateurs liquoristes, aux maîtres et maîtresses de maison, ainsi qu'aux vignerons.

PAR

M. Louis Clerc,

DOCTEUR-MÉDECIN.

PARIS,

AUDIN, libraire, quai des Augustins, n° 25;

URBAIN CANEL, libraire, rue Saint-Germain-des-Prés, n° 9;

PONTHIEU, libraire, Palais-Royal, galerie de Bois;

CHARLES BÉCHET, libraire, quai des Augustins, n° 57.

1826.

L'ART DE PRÉPARER
LES BOISSONS
AVEC ET SANS INFUSION,

ET

LES LIQUEURS DE TABLE,

ENSEIGNÉ EN XII LEÇONS.

Leçon Première.

BIÈRE.

Histoire de la Bière. — Composition chimique de la Bière.
— Fabrication de la Bière. — Première opération : préparation du grain. — Deuxième opération : infusion de l'orge.
— Troisième opération : cuisson de la Bière. — Quatrième
opération : fermentation. — Collage de la Bière. — Théorie chimique des procédés de fabrication. — Effets de la
Bière sur l'économie animale. — Des différentes circonstances ou la Bière peut être nuisible ou avantageuse :
1° âge ; 2° sexe ; 3° tempérament ; 4° profession ; 5° saisons :
hiver, printemps, été, automne.

Bière, s. f., *Cerevisia*. Boisson fermentée, com
posée de graines céréales et de houblon, mais dont
les ingrédiens varient beaucoup suivant les lieux

Histoire de la Bière.

C'est en Égypte qu'il faut aller chercher l'origine et le berceau des sciences et des arts : on y trouve celle de la bière. La privation du raisin, la mauvaise qualité des eaux stagnantes, provenant des inondations du Nil, et ce goût de l'homme pour les liqueurs spiritueuses, y ont introduit l'usage de cette liqueur fermentée. La meilleure bière se faisait à Peluse, ville située près de l'embouchure du Nil ; ce qui lui a fait donner le nom de boisson peluvienne. Il y avait en Égypte deux espèces de bière, et il en est ainsi de tous les pays où l'on en prépare ; en Flandre, en Angleterre, on a des bières diverses ; odeur, couleur, consistance, saveur, spirituosité, établissent ces diversités.

La bière n'a pas dû tarder à devenir la boisson des climats auxquels la vigne était étrangère : c'est ainsi que, de temps immémorial, elle a été celle de la Flandre, de l'Angleterre, de la Bretagne, enfin des Gaulois. Mais ce qui paraît surprenant, c'est que la bière se soit introduite dans les pays vinicoles, surtout dans les pays les plus méridionaux, tels que la Grèce : cela s'explique toutefois d'après la qualité des vins de ces contrées ; vins épais, liquoreux, spiritueux et incapables de calmer la soif, comme le fait la bière légère, pétillante, plus gazeuse que spiritueuse, et dès-lors très-désaltérable.

Il n'en est pas ainsi des petits vignobles en Brie, par exemple, dont le vin participe beaucoup par son acidité et son peu des pirituosité des qualités de la bière.

Je viens d'établir les motifs qui ont dû anciennement introduire l'usage de la bière dans les pays chauds, quoique vinicoles, telle est l'Espagne; mais ce qui a dû l'exclure de cette contrée, c'est l'usage insensiblement introduit des sorbets, de citrons, d'oranges, qui, édulcorés de sucre, forment une boisson infiniment plus agréable, qui ne nécessite point une fabrication, et qu'on se peut procurer extemporanement.

Composition chimique de la Bière.

Aucune analyse chimique de la bière n'a été faite jusqu'à ce jour : celles que l'on connaît ont démontré qu'il existait dans cette liqueur 1° une matière saccharine plus ou moins abondante; 2° une grande quantité de mucilage; 3° un extrait provenant principalement du houblon ou des autres amers employés; 4° un principe amer et huileux; 5° une portion plus ou moins grande d'alcool; 6° un peu d'amidon, au moins dans les aëles récemment faites; 7° une très-petite quantité de gluten; 8° de l'acide carbonique; 9° enfin une petite portion d'acide malique, acétique, et quelques alcalis. Ne pouvant entrer dans les détails de toutes les manières de préparer cette boisson, je vais exposer simplement le mode le plus usité.

Fabrication de la Bière.

Tous les procédés de fabrications de la bière

peuvent se réduire à quatre opérations, 1° à la préparation du grain ; 2° à l'infusion de l'orge ; 5° à la cuisson de la bière ; 4° enfin à la fermentation.

PREMIÈRE OPÉRATION.

Préparation du grain.

On commence la fabrication de la bière en mettant tremper le grain dans l'eau froide ; on l'y laisse baigner pendant vingt-quatre heures, au bout desquelles on renouvelle l'eau une ou deux fois, jusqu'à ce que l'ongle écrase facilement ce grain : alors on laisse écouler l'eau de la cuve-mouilloire, où est faite la macération ; ensuite on retire le grain, que l'on porte au germoir. Le germoir est une pièce presque toujours plus basse que le sol, afin qu'elle ait la température de l'humidité d'une cave. Le grain entré dans le germoir est d'abord placé en tas pendant un ou deux jours : au bout de ce temps, toute l'eau qui était restée à la surface des grains se trouve absorbée : il paraît sec à l'extérieur et s'échauffe dans l'intérieur : c'est alors qu'on l'étend en couches de six ou huit pouces d'épaisseur, et il reste dans cet état jusqu'à ce que la germination se manifeste. Aussitôt que l'on voit pointer les radicules, on rompt la couche, c'est-à-dire que l'on remue le grain avec une pelle, afin de former une couche moins épaisse que la première. Dès que le grain s'échauffe, on le déplace encore en donnant le second coup de pelle, comme on a fait le premier, mais ayant soin d'agiter d'avantage et de déplacer

complétement le grain ; toutefois on reforme une
troisième couche et plusieurs autres, s'il est nécessaire, jusqu'à ce que la germination soit assez
avancée ; ce que l'on reconnaît quand trois radicules, après avoir percé la membrane propre du
grain à une de ses extrémités, sont sorties de
près de deux fois sa longueur, que les radicules
se fanent et que la plume commence à paraître :
alors il faut se hâter de mettre le grain en tas,
afin que la germination ne continue pas ; mais on
l'arrête bien plus sûrement encore en portant le
grain à la touraille.

La touraille est une sorte d'étuve sèche ; elle a
la forme d'une pyramide équilatérale renversée
et creuse, dont le sommet tronqué embrasse
un fourneau disposé de manière que le calorique entre dans la touraille sans que la flamme
ni la fumée du combustible puissent y pénétrer. La base de la pyramide, placée en haut,
bouchée par un tissu de fil d'archal assez serré
pour ne point laisser passer le grain, forme
ce qu'on nomme le plancher de la touraille
sur lequel on place le grain germé. Aussitôt
qu'il y est étendu, on donne une chaleur modérée et soutenue, qui fait évaporer l'eau que le grain
avait absorbée : on remue à plusieurs reprises, et
l'on a soin de donner une chaleur plus forte et
de pousser la dessiccation plus loin. Pour le grain
destiné à faire de la bière rouge, ainsi séché et
torréfié, on le fait passer au crible pour le débarrasser des touraillons : ce sont les radicules
que la germination a fait sortir. Après cette pre-

mière opération, on le rassemble en tas dans des greniers pour le moudre au besoin.

Chaque brasserie a son moulin, dont les meules sont disposées de manière à former une farine grossière. Moulue trop fine, cette farine formerait facilement une pâte trop grossière ; elle ne fournirait pas assez de principe à l'eau. On ne prépare de la farine qu'à mesure de la consommation, ou pour quelques jours seulement à l'avance.

DEUXIÈME OPÉRATION.

Infusion de l'orge.

Pour faire l'infusion de l'orge, on met le feu sous deux chaudières remplies d'eau, et l'on prépare la cuve-matière. C'est une cuve de bois, disposée de manière à recevoir un faux fond, lequel est percé de trous dans toute son étendue. Lorsque ce faux fond est placé, il reste entre lui et le fond stable de la cuve un intervalle de quatre pouces environ, dans lequel vient finir, sur un des côtés, un conduit de bois qui est ouvert au haut de la cuve ; on couvre le faux fond d'une couche de houblon avarié, afin de pouvoir ensuite poser la farine dessus ; sans en boucher les trous. on verse ensuite cette farine dans la proportion de deux hectolitres pour trois de bière que l'on veut obtenir. Lorsque l'eau d'une des chaudières a acquis la température de 50 centigrades environ, on en fait couler une certaine quantité entre les deux fonds de la cuve, par le conduit dont j'ai parlé plus haut ; de sorte que l'eau chaude

pénétrant la farine par le bas , les couches supérieures sont humectées de proche en proche de la
manière la plus douce : au bout de quelque temps,
pour achever l'humectation , ou prend des espèces
de pelles de fer à jour, appelées fourquettes ; on
remue légèrement cette farine pour mêler les
parties sèches avec les autres , et on ne cesse que
quand tout est humecté également , mais point
assez pour former une pâte ; ce qu'on appelle dé-
mêler la farine. Aussitôt après on introduit toujours, entre les deux fonds, l'eau de la même chaudière, qui a acquis, pendant ce temps, une chaleur
de 90 centigrades environ ; on délaie la farine
dans cette eau avec un instrument de bois appelé
vague. Quand la farine est bien délayée et bien
suspendue dans l'eau, ce mélange s'appelle fardeau ; on le laisse reposer ce fardeau pendant une
heure ; le malt se forme en dépôt sur le faux
fond de la cuve , et le reste de la liqueur éclaircie
qui filtre à travers le malt et le faux fond forme
les métiers ; au moyen d'un robinet, ou les fait des-
cendre dans une cuve de bois, nommée réverdoir :
cette cuve n'a d'autre destination que de servir
de dépôt aux métiers, afin qu'au moyen d'une
pompe à chapelet, et de certains conduits de bois,
ils puissent être introduits dans la chaudière de
décoction ; mais quand ces métiers sont introduits
dans cette seconde cuve, l'eau de la seconde chaudière est devenue bouillante, on l'introduit en cet
état dans la cuve-matière, comme on a déjà fait ,
et ainsi la deuxième trempe se trouve donnée

TROISIÈME OPÉRATION.

Cuisson de la Bière.

En même temps on fait monter du réverdoir dans la chaudière de décoction les métiers de la première trempe, auxquels on ajoute le houblon dans les proportions de 75 décagrammes par hectolitre; bientôt on rentre la deuxième, et tout est disposé pour la cuisson. Cette cuisson commence aussitôt que l'on croit la bière assez cuite ; on la fait couler avec les houblons sur de grands bassins de bois , qui sont plats et aussi étendus que le permet la grandeur de la brasserie; on les appelle bacs rafraîchissoirs , et leur usage répond bien à leur nom , car ils servent à faire refroidir la bière, afin qu'elle ait la température propre à la fermentation.

QUATRIÈME OPÉRATION.

Fermentation.

Les bacs rafraîchissoirs sont disposés de manière qu'un de leurs angles, plus déclive que toutes les autres parties, laisse couler la bière par une ouverture qui y est pratiquée ; elle descend dans une cuve de bois placée au-dessous, et où doit se faire la fermentation : c'est la cuve guilloire. On ne la laisse couler dans cette cuve que quand elle est refroidie, jusqu'à n'avoir plus que 25 centigrades en été, 33 ou 34 en hiver : en sortant des bacs, elle passe à travers un panier serré, au moyen duquel le houblon reste sur les bacs. Toutefois, avant d'en laisser couler dans la cuve, on y a

déposé du levain dans la proportion d'un trentième
de la bière ; l'on délaie le levain avec la première
bière qui passe ; ensuite on laisse couler le reste,
et bientôt la fermentation s'établit ; quand elle est
déjà avancée, il se forme, au-dessus du liquide,
une couche de mousse d'un volume plus considérable que n'est le liquide lui-même. Lorsque
les rochers d'un blanc éclatant, que forme cette
mousse, deviennent rouges et comme brûlés à leur
sommet, qu'ils se flétrissent et s'affaissent, c'est
le temps que l'on choisit pour battre la guilloire.
Cela se pratique avec une grande perche, au bout
de laquelle est placée une planche en travers : on
agite à force de bras toute la masse du liquide
pour y répartir également le levain ; on a soin de
ne point interrompre ou de répéter trop souvent
cette manœuvre, pendant que, d'un autre côté,
on fait sortir la bière de la cuve pour l'introduire
dans des tonneaux. Dès que ces tonneaux sont
pleins, on les pose sur des chantiers, sous lesquels on a placé des baquets vides. Le mouvement
fermentatif qui n'était pas achevé, et qui est ra-
nimé par le mouvement donné au liquide, se
continue dans les tonneaux ; une mousse blanche,
nommée guillage, sort de la bonde et coule dans
les baquets. De cet effet résulte naturellement un
vide dans les tonneaux, et il faut les remplir toutes
les deux heures environ avec de la bière chaude
du brassin. Par ce moyen, on ranime chaque fois
la fermentation ; mais, au bout de huit à dix heures
qu'elle paraît se ralentir, on remplit les tonneaux
une dernière fois avec de la bière froide, résul-

tat de la fonte des guillages des fermentations précédentes, c'est ce qu'on appelle des purrues; elles ont pour effet d'arrêter la fermentation. Alors la fabrication de la bière est achevée; il ne reste plus qu'à faire clarifier cette boisson en la collant.

Collage de la Bière.

C'est ordinairement avec une dissolution de colle de poisson que l'on pratique cette opération; on la prépare, dans la plupart des brasseries de Paris, par le procédé suivant : on écrase cette substance sous le marteau, afin de rompre les fibres et de favoriser ainsi l'action de l'eau; on la met tremper dans l'eau fraîche pendant vingt-quatre heures, en renouvelant l'eau plusieurs fois (deux fois en hiver et cinq fois en été). Au bout de ce temps, on mélange fortement la colle de poisson dans dix fois son poids de bière forte, et on passe au travers d'un linge la gelée transparente qui en résulte; l'on rince le linge dans une petite quantité de bière que l'on verse ensuite dans la première solution gélatineuse; l'on y ajoute un vingtième en volume d'eau-de-vie commune, ou d'esprit de vin étendu à 20 degrés. et l'on conserve cette préparation en bouteilles dans la cave, pour s'en servir pendant quinze jours ou un mois. Lorsqu'on veut clarifier la bière, on la bat bien, et on verse dans les barils, en agitant fortement, pendant une minute, la bière qu'ils contiennent, à l'aide d'un bâton fendu en quatre par le bout, qui plonge dans le liquide : on la laisse ensuite déposer pendant deux ou trois jours, au bout desquels on peut tirer la bière en bouteilles. La proportion de la colle préparée est de trois décilitres par quart, ou de quatre décilitres par hectolitre de bière.

Théorie chimique des procédés de fabrication.

1°. On connaît depuis long-temps la nécessité de la germination des grains pour diminuer la viscosité du mucilage, et convertir une partie de la fécule en une matière sucrée, deux circonstances, dont l'une permet et l'autre produit la fermentation spiritueuse. Les conditions nécessaires à la germination sont une température de 15 à 30 centigrades, le contact de l'eau, du gaz oxigène, et l'obscurité ; or, en revenant sur ce que j'ai dit de la préparation du grain, nous allons trouver toutes ces conditions remplies : on le voit absorber, dans la cuve mouilloire, une quantité d'eau que Thomson évalue à 0,47, et augmenter de 0,20 en volume. L'eau a d'abord pénétré le grain par l'ombilic ; elle ramollit ses tégumens, de manière à ce que leur consistance ne soit pas un obstacle à la sortie des radicules. C'est dans cet état que le grain est porté au germoir ; là, il est privé de la lumière, mais il est soumis à l'influence d'une douce chaleur qui, en excitant ses propriétés vitales, détermine la germination. Enfin, l'oxigène de l'air est absorbé, d'abord en petite quantité, ensuite d'une manière assez prompte. Lorsque le grain s'échauffe ainsi, le brasseur qui remue ce grain pendant qu'il est au germoir, l'empêche de trop s'échauffer, et le met en contact avec de nouvelles couches d'air dont il absorbe plus facilement l'oxigène. C'est alors que la surface de chaque grain devient humide et sue, qu'il se répand une odeur douce de concombre, et que les radicules sortent; c'est aussi alors qu'une partie de la fécule se change en matière sucrée, et qu'une partie de la matière glutineuse se détruit. Ce n'est donc point par l'addition de l'oxigène que la fécule se convertit en sucre, comme le croyait Fourcroy; et quoique le volume du gaz acide carbonique dégagé soit égal au volume du gaz oxigène absorbé, ainsi que l'a prouvé Théodore Saussure, c'est plutôt à la soustraction du carbone qu'il faut attribuer ce phénomène; ce qui fait dire à M. Thénard que l'oxigène nécessaire à la germination est destiné à priver la graine du carbone. Jusqu'ici cette théorie est appuyée d'excellentes preuves; mais, ce qui ne semble pas aussi bien démontré, et ce qu'annonce cependant le même chimiste, c'est que la germination pourrait bien ne pas développer de sucre dans les graines, et ne faire que détruire un corps qui le masquait. Pourquoi un changement d'état, dans une substance végétale, et la soustraction d'un principe ne produiraient-ils pas une matière sucrée, quand un autre changement d'état produit de l'alcool, des acides, etc. ?

Mais, quel que soit le moyen que la nature emploie dans le travail de la germination pour déterminer l'existence du sucre, il est nécessaire d'arrêter ses efforts; autrement, la germination continuant, toute la fécule serait détruite, et l'on n'aurait plus que des filamens végétaux étiolés et gorgés de suc trop aqueux pour fournir des matériaux à la fermentation. Le rôtissage des grains à la touraille a donc pour but de prévenir ces inconvéniens, et, en conséquence, d'arrêter la germination au degré où ses résultats peuvent produire la fermentation. Dans la torréfaction, il y a d'abord évaporation de toute l'eau absorbée, et, quand la dessiccation est complète, une partie de l'hydrogène et de l'oxigène du grain se réunit pour former de l'eau qui se volatilise encore : en sorte que le départ de ces deux principes produit une prédominance du carbone, d'où résulte une couleur bleue foncée du grain, à proportion que la torréfaction est plus forte.

2°. La première infusion ou la première trempe contient plus de matières sucrées; la seconde plus de mucilage. L'amidon se trouve suspendu dans les deux avec une petite quantité de gluten et d'albumine; il y a aussi une matière fermentescible, ou susceptible de le devenir par le contact de l'air. Ce sont ces deux substances qui donnent ce qu'on appelle les métiers, une certaine consistance, une couleur blanche et une saveur sucrée.

3°. L'ébullition que l'on fait subir à ces métiers produit une dissolution et une coction plus complètes des principes qui les constituent; elle produit aussi leur union avec l'extractif amer du houblon, d'où dérivent trois effets sensibles, savoir : 1° une couleur qui varie depuis le jaune doré jusqu'à un brun foncé; 2° une saveur particulière ; 3° enfin, la propriété de se conserver. Il ne me reste plus maintenant qu'à parler de la fermentation.

4°. La fermentation ne peut être produite que par le concours du sucre, du ferment, de l'eau, et d'une certaine température. Toutes ces conditions se trouvent remplies lorsque la bière sort des bacs rafraîchissoirs pour entrer dans la cuve guilloire. Si les propriétés de la matière fermentescible, que j'ai dit exister dans les métiers, n'avaient été détruites par l'ébullition qui, comme on le sait, détruit momentanément les propriétés du ferment, cette liqueur tournerait bientôt à l'aigre, au lieu de subir la fermentation alcoolique, si l'on n'avait déposé de la levûre au fond de la cuve. Aussitôt que la bière est versée sur cette levûre, qui n'est presque que du ferment, la fermentation s'établit; il se forme, dis-je, une multitude de ces bulles d'acide carbonique, lesquelles s'élèvent en emportant avec elles une petite portion de ferment. Ces bulles se crèvent en partie à la surface du liquide : de là vient l'impossibilité de respirer à l'ouverture des cuves guilloires; mais il reste toujours une assez grande quantité de ces bulles pour former, au-dessus de la liqueur, la couche très-épaisse de mousse qui s'y rencontre. La fermentation est forte pendant plusieurs heures, ensuite elle se ralentit; ses résultats sont : 1° une décomposition totale du sucre; 2° une décoction pareille de ferment ajouté, d'où résulte la production d'une matière blanche insoluble dans l'eau, et dont la quantité équivaut à la moitié du ferment décomposé. Probablement qu'une certaine quantité de nouveau ferment est produite par l'altération de la matière fermentescible de l'orge, matière que j'ai dit être contenue dans les métiers, et qui, pour avoir déposé ses propriétés par l'effet de l'ébullition, n'avait pas été détruite. C'est, ce me semble, de cette manière que l'on peut expliquer la formation de cette grande quantité de levûre que les brasseurs obtiennent à chaque brassin ; 3° enfin, pendant la formation, indépendamment de la grande quantité d'acide carbonique qui se dégage, il se forme une certaine quantité d'alcool qui est en dissolution dans la liqueur, mais que la distillation peut extraire. (*Voyez* EAU-DE-VIE.)

Lorsque la bière est mise dans les tonneaux, ce qui reste du levain qui avait été placé au fond de la cuve se trouve mêlé dans cette bière avec la matière blanche dont j'ai parlé, et une fermentation secondaire a lieu ; une mousse blanche et très-légère sort par le bondon. Elle se réduit presque toute en bière, et alors le mouvement fermentatif est si violent que, souvent, le tonneau remue sensiblement. Quand ce mouvement se calme, la mousse devient plus jaune, plus épaisse, et, à mesure que la fermentation avance, cette mousse charrie une plus grande quantité de ferment et de matière blanche ; c'est ce que les brasseurs appellent la levûre : une partie leur sert pour le ferment des brassins suivans, et le reste est vendu aux levûriers. Cette levûre est composée de bière, de matière sucrée, de mucilage, d'alcool, de plusieurs acides, de plusieurs sels, et de plus d'un quart de gluten, dans lequel, comme l'ont prouvé MM. Thénard et Fabroni, réside le principe fermentatif.

J'ai dit, page 9, que l'on arrête la fermentation dans des tonneaux au moyen de la bière froide, qui résulte de la fonte des mousses des brassins précédens ; j'ajouterai ici, pour tâcher d'expliquer cet effet, que cette bière est beaucoup plus colorée et plus amère que la bière restée dans les tonneaux, ce qui me fait attribuer à l'action de l'air ces propriétés nouvelles. Peut-être que l'extractif de la bière devient amer et coloré en absorbant l'oxigène de l'air ? Peut-être aussi que cette bière, pour terminer la fermentation, agit autant par cet extractif oxigéné que par le refroidissement qu'elle produit dans la liqueur. Au reste, en arrêtant ainsi la fermentation, on fixe dans la bière un reste de ferment qui allait sortir, et c'est ce ferment dont l'action, réveillée dans la bouteille, fait mousser la bière ; aussi, les bières qui ont fermenté long-temps et complétement moussent-elles difficilement.

Effets de la Bière sur l'économie animale.

La bière naturelle, fabriquée d'après le procédé que je viens d'exposer, est une boisson fort agréable. Elle étanche la soif d'une manière assez durable ; elle nourrit légèrement, et excite légèrement aussi les organes digestifs et l'action des reins. Elle nourrit d'autant plus qu'elle est fabri-

quée avec une plus grande quantité d'orge ; elle
excite d'autant plus les organes digestifs qu'elle
contient plus d'extractif amer et aromatique du
houblon ; enfin , quant à son action diurétique .
je crois qu'il faut l'attribuer plus à sa qualité
qu'à l'action des substances qu'elle contient, sur
les organes sécrétoires de l'urine ; mais , ces différens modes d'action , s'ils se renouvellent souvent, s'ils se continuent long-temps , et s'ils ont
une certaine intensité par l'usage de beaucoup
de bière , doivent avoir pour effet final , le relâchement des solides . et principalement des membranes muqueuses. Ces résultats sont aussi ceux
que l'on observe dans les pays à bière ; mais , à
Paris , où la bière n'est . le plus souvent, qu'une
boisson de fantaisie dont on n'abuse pas . on les
voit rarement.

*Des différentes circonstances où la Bière peut
être nuisible ou avantageuse.*

1°. *Age.*— Il me semble qu'avant l'adolescence
il n'est guère aucune époque de la vie de l'enfance où l'usage de la bière puisse être avantageux. Son effet affaiblissant serait plus pernicieux que sa qualité ne serait utile à l'accroissement ; je crois aussi que l'effet médicamenteux
du houblon est trop faible, dans la bière , pour
être d'une grande utilité dans la disposition aux
scrophules que l'on remarque avant cet âge : son
usage produirait plutôt un relâchement qui favoriserait cette disposition : mais, à l'époque de
l'adolescence , le corps a acquis une certaine

force ; les fonctions sont dans la plus grande activité, il y a une exubérance de vie telle, que l'usage de la bière ne peut être qu'avantageux depuis cet âge jusqu'à la vieillesse commençante. Les conditions organiques dans lesquelles se trouve l'homme ne contre-indiquent point l'usage de la bière, tandis qu'aussitôt que la faiblesse de l'âge est arrivée, il faut avoir recours, pour exciter les forces de la vie, à des boissons plus stimulantes que la bière. (*Voyez* Vin.)

2°. *Sexe.*— La prédominance du système lymphatique chez la femme, et les rapports de son organisation avec celle de l'enfance, indiquent que la bière lui convient moins qu'à l'homme.

3°. *Tempérament.* — L'usage de la bière doit diminuer avantageusement l'activité circulatoire chez les personnes d'un tempérament sanguin : elle doit convenir aussi aux pléthoriques, disposés à devenir corpulens par un excès de forces : la force de la constitution, la rigidité des fibres, la fermeté des chairs, la prédominance d'action du foie, la surabondance des sucs biliaires qui s'ensuit ; tout indique, chez les bilieux, l'usage de la bière. Il n'en est pas tout-à-fait de même chez les mélancoliques, où il y a souvent un état de faiblesse habituelle, des digestions laborieuses, et des affections chroniques des viscères abdominaux. La surabondance des fluides, la longueur des fonctions chez les hommes lymphatiques ou pituiteux doivent faire exclure la bière de leur régime. Au contraire, dans le tempérament nerveux, la bière ne serait nuisible que lorsqu'il y aurait en même temps beaucoup de faiblesse. Enfin, il est de la bière comme de toutes les choses qui font la matière de l'hygiène, il est des personnes qui ne peuvent en user sans éprouver des accidens, quoique aucune des conditions de leur tempérament ne puisse expliquer cet effet ; tandis que, plusieurs autres, auxquelles elle semblerait devoir être défavorable, en usent souvent sans inconvénient ; mais ce sont des exceptions qui ne changent rien aux règles générales que j'ai établies.

4°. *Professions.* — La bière convient aux ouvriers qui exercent des travaux fatigans, aux gens de peine ; elle a, chez eux, l'avantage de pouvoir être bue en grande quantité, sans échauffer, comme le ferait le vin, de calmer la soif plus long-temps, et de ne point faire transpirer en raison de son relâchement qu'elle amène à la longue. Son usage habituel ne convient point à ceux qui se livrent à des travaux sédentaires, aux gens de lettres.

5° *Saisons.* — *Hiver.* — Pendant l'hiver, l'homme ayant besoin d'une certaine force intérieure pour lutter contre les agens destructeurs qui l'entourent, la bière ne lui convient point ; cependant, comme les fonctions digestives ont une grande activité pendant cette saison, la bière sera plus facilement digérée, même par les estomacs faibles.

Printemps. — Au printemps, les forces digestives sont aussi puissantes qu'en hiver, pour digérer la bière ; mais cette boisson convient mieux alors pour calmer l'exaltation vitale , que produit le renouvellement de l'année , et pour prévenir les maladies inflammatoires, qui sont les conséquences de cette exaltation.

Été. — Pendant l'été , les organes sont tellement stimulés, que la multiplicité des mouvemens amène la faiblesse et l'épuisement, des digestions peu actives et même languissantes ; or, ces effets de l'été sembleraient devoir faire exclure la bière du régime de cette saison. Cependant, si l'on fait attention que cette boisson peut diminuer la mobilité exclusive, la vivacité du pouls, la fréquence de la respiration , l'activité des exaltations et la prédominance du foie , qui sont la cause d'épuisement que l'on remarque l'été , on conviendra qu'il n'est pas de saisons auxquelles la bière soit mieux appropriée, surtout si l'on prend garde que peu de boissons peuvent calmer la soif d'une manière plus durable.

Automne. — L'automne conserve tous les effets que les causes débilitantes de l'été ont produits ; aussi la bière n'est rien moins que propre à redonner à l'économie les forces nécessaires pour empêcher le développement des fièvres intermittentes, et diverses affections asthéniques des membranes muqueuses, qui sont fréquentes ; alors elle serait plutôt capable d'augmenter la faiblesse , que l'humidité des nuits et les brouillards ne favorisent que trop pendant l'automne.

Leçon Deuxième.

BOISSONS.

Des différentes espèces de boissons. — § Ier. De l'eau. — § II. Des sucs aqueux des végétaux et des animaux. — § III. Des infusions et des mélanges dans l'eau : — 1° du Thé ; — 2° du Café ; — 3° du Chocolat. — § IV. Des Liqueurs fermentées : — 1° du Vin ; — 2° de la Bière : — 3° des Cidres et Poirés. — § V. Des Liqueurs alcooliques, et des infusions dans ces liqueurs.

Boisson, s. f., *Potus.* On désigne, sous le nom de boisson, tout liquide qu'on introduit dans les voies digestives pour réparer les pertes fluides du corps. La nature nous indique le besoin de boire par la sensation de la soif ; mais, ce n'est pas seulement pour calmer cette sensation que nous y avons recours, nous en faisons aussi usage pendant les repas, pour favoriser la dissolution des alimens solides. Elles peuvent elles-mêmes être utiles comme aliment : nous les employons comme assaisonnement, c'est-à-dire comme excitant des organes digestifs ; enfin, comme excitant de toute l'économie.

Des différentes espèces de boissons.

Les boissons diffèrent entre elles relativement aux substances qui y sont dissoutes et qui les rendent rafraîchissantes, adoucissantes, toniques, plus ou moins nutritives, etc. En les rapportant à des chefs principaux, je place l'eau au premier rang, parce qu'elle sert de véhicule à toutes les autres; j'examinerai ensuite successivement les sucs aqueux des végétaux et des animaux, les infusions et les mélanges dans l'eau, les liqueurs fermentées, enfin, les liqueurs alcooliques, soit simples, soit mêlées de parties aromatiques.

§ Ier. *De l'Eau.*

L'eau parait être la boisson naturelle de l'homme. La nature l'a répandue avec une sage profusion sur toute la terre, et a distribué, çà et là, des réservoirs salutaires, qui se laissent apercevoir du voyageur et du chasseur altérés, pour tempérer la chaleur qui les dessèche et relever les forces abattues; c'est une boisson douce et légère, qui facilite la dissolution des alimens solides, et stimule légèrement les organes digestifs. Par l'air et les sels dont elle est surchargée, elle est le véhicule de nos humeurs : elle entretient la flexibilité de nos organes, et retarde cette rigidité de tout le système, qui annonce la vieillesse et la mort sénile. L'observation de tous les temps a appris que les hydropotes, ou buveurs d'eau, parvenaient, en général, à un âge très-avancé, et étaient exempts d'un grand nombre de maladies qui affligent ceux qui font usage des boissons fermentées et des liqueurs alcooliques. Hérodote attribue la longévité des Éthiopiens à l'usage qu'ils faisaient de l'eau pour unique boisson. *Ergò potus aqua, qui antiquissimus hominum primus et communissimus est ad vitam , et sanitatem tuendam commodissimus haberi debet.* (HOFFM. *Med. rat. syst.*, tom. I.)

§ II. *Des sucs aqueux des végétaux et des animaux.*

Ses sucs ont toujours l'eau pour base principale. Les sucs aqueux des végétaux sont de deux espèces. Les uns sont acides, les autres sucrés ; les acidules, tels que ceux de groseilles; de citrons, d'oranges, étanchent très-bien la soif, tant en raison du véhicule aqueux qui les constitue, qu'en raison de l'acide dont ils sont imprégnés : ils sont peu nourrissans. Les sucs sucrés étanchent moins la soif que les sucs acidules, et même moins que l'eau pure, mais ils sont plus nutritifs que les sucs acidules.

Parmi les sucs aqueux des animaux , se présente le petit-lait qui est le plus remarquable : il forme une boisson très-agréable , il est très-rafraîchissant, très-propre à étancher la soif quand il est aigri comme lorsqu'il est séparé spontanément ; mais lorsqu'il est doux , comme lorsqu'il est récemment préparé par la pressure , il est moins rafraîchissant. Le petit-lait jouit de la propriété nutritive en raison du sucre de lait qu'il contient.

'§ III. *Des infusions et des mélanges dans l'eau.*

Les infusions dans l'eau tirent leurs propriétés

et de l'eau, qui leur sert de véhicule, et de la nature des substances dissoutes. Telles sont les infusions aromatiques qui, outre l'arome, contiennent une partie extractive colorante.

1°. *Du thé.* — Le thé est l'infusion dans l'eau des feuilles de l'arbrisseau qui porte ce nom. Les effets de cette boisson sont de favoriser la transpiration, de délayer abondamment, et d'exciter l'action de l'estomac par l'arome particulier qu'elle contient ; elle convient surtout, comme le café, aux tempéramens lymphatiques et aux habitans des contrées humides du Nord. Aussi, l'Angleterre, la Hollande, l'Allemagne, en font-elles un grand usage. D'après MM. Hallé et Nysten, le thé agit le plus souvent comme antispasmodique ; quelquefois, cependant, chez les sujets irritables, il occasione des tremblemens, et parait agir comme perturbateur du système nerveux.

2°. *Du café.* — Le café est l'infusion des semences de ce nom, torréfiées et réduites en poudre. Cette boisson contient de l'albumine, du mucilage, un peu d'amidon, une petite quantité de matière amère, une substance huileuse ; enfin, une matière aromatique volatile.

Le café stimule la digestion, augmente l'activité de toutes les fonctions, et surtout des facultés intellectuelles ; pris en trop grande quantité, ou trop fort, il produit l'insomnie, une fièvre légère avec tremblement et chaleur ; il produit surtout ses effets sur des personnes d'un tempérament nerveux, les femmes et les enfans. Il convient aux lymphatiques et aux habitans des pays froids et humides. Les individus très-irritables, et qui s'obstinent à ne pas l'abandonner, peuvent y associer avec avantage le lait et la crème pour en modérer l'action.

3°. *Du Chocolat.* — Le chocolat, dont la base est la semence de cacao (*theobrama cacao,* LINN.) réduite en pâte, forme une boisson plus nourrissante que le café ; elle est composée d'eau, de fécule, d'une matière grasse assez abondante (beurre de cacao), de sucre, qu'on y ajoute pour le rendre plus agréable, d'une huile empyreumatique et d'un arôme particulier. Le chocolat est d'autant plus facile à digérer, que le cacao, d'où il provient, a subi un plus haut degré de torréfaction ; par là son arôme et son empyreume se développent, tandis que la matière grasse diminue. Le chocolat, lorsqu'il est bien préparé, est, avec l'eau et le lait, une boisson qui convient le mieux et aux femmes et aux enfans, comme aux hommes très-irritables : il a pour eux tous les avantages du café sans en avoir les inconvéniens.

§ IV. *Des Liqueurs fermentées.*

Les liqueurs fermentées offrent de grandes différences entre elles, suivant les substances que l'on a fait fermenter pour les obtenir, et suivant la quantité d'alcool qu'elles contiennent. Le vin est le produit de la fermentation du suc de raisin ; la bière, celui des graines céréales ; le cidre et le poiré, de pommes et de poires.

1°. *Du Vin.* — C'est avec le jus du raisin (fruit du *vitis vinifera*, LINN.) que l'on prépare le vin, à l'aide de la fermentation alcoolique. Je n'entrerai pas ici dans les détails de ces phénomènes qui ont lieu pendant cette opération ; ils ont été exposés à l'article *Vin*, auquel on peut avoir recours pour les connaître. Je dirai seulement que c'est à la présence de la matière sucrée, et d'une certaine quantité de ferment dans le raisin, qu'est dû le développement de la fermentation : le concours d'un certain degré de calorique et de gaz oxigène est encore indispensable pour que celle-ci ait lieu.

Les vins, quelle que soit leur qualité, donnent à l'analyse les produits suivans : de l'alcool, une matière sucrée, de l'acide malique, de l'acide tartarique, du tartre acidule de potasse, de l'acide acétique, une matière colorante extractive plus ou moins amère et en partie résineuse, du tannin, enfin de l'acide carbonique. Ils sont blancs lorsqu'ils ont été faits avec des raisins blancs ; ils sont mousseux lorsque, ayant été mis en bouteilles avant la fermentation, ils contiennent encore une certaine quantité d'acide carbonique, qui se dégage lorsqu'on enlève le bouchon. Leur propriété enivrante ne dépend pas uniquement de l'alcool qu'ils contiennent, puisque les petits vins donnent à peu près autant d'eau-de-vie que les meilleurs vins. On falsifie quelquefois les vins avec de la litharge pour les rendre plus doux. On reconnaît ce mélange dangereux en versant de l'hydrogène sulfuré, ou un hydrosulfate alcalin, qui donne un précipité noir de sulfate de plomb. La potasse et la chaux sont aussi employées, et même avec moins de danger, pour adoucir les vins. On reconnaît la présence de la potasse par l'acide sulfurique, et celle de la chaux par l'oxide oxalique.

On conçoit que les diverses substances qui entrent dans la composition du vin doivent faire différer sa manière de celle des autres boissons alcooliques : aussi l'alcool y est tempéré de même que celle des acides et de la matière sucrée qui s'y trouvent souvent ; le tannin lui communique une propriété tonique, astringente, indépendamment de celle de l'alcool. Les différences des vins entre eux sont relatives à celle qui existe dans la quantité des principes qu'ils contiennent. L'usage du vin est souvent plus utile que nuisible ; l'ivresse qu'il produit est douce et de courte durée. (*Voyez* VIN.)

2°. *De la Bière.*— La bière est le produit de la fermentation de l'orge et de la décoction du houblon (*humulus lupulus*, LINN.); elle contient une matière saccharine plus ou moins abondante, une grande quantité de mucilage, un extrait, un principe amer et huileux, une portion plus ou moins grande d'alcool, un peu d'amidon, une petite quantité de gluten, de l'acide carbonique, enfin une petite portion d'acide malique, acétique, et quelques alcalis. « La « bière, dit Tissot, si elle est assez forte pour « n'être pas fluctueuse et relâchante, est une « boisson douce et nourrissante, et qui, en gé-

« néral, doit être préférée au vin. » Celle de Paris n'est pas dans ce cas ; elle est lourde, chargée de matières indigestes , et distend l'estomac par l'acide carbonique qu'elle dégage. Cette quantité de gaz est due à la fermentation qui, n'étant pas terminée au moment où la bière est mise en bouteilles, continue à avoir lieu , et produit cette mousse si recherchée des personnes qui ne connaissent pas la bonne bière. Celle de Flandre réunit toutes les qualités qui la rendent très-souvent préférable à toute autre boisson ; elle est agréable, limpide et en même temps tonique. Lorsqu'on en boit trop , elle produit un embonpoint considérable , et dispose surtout à l'apoplexie. Cette qualité de la bière est notée dans les vers suivans de l'école de Salerne :

Cassos humores nutrit cerevisia , vires
Prostat et augmentat carnem , generatque cruorem.

3°. *Du Cidre et du Poiré.* — Le cidre et le poiré sont des liqueurs que l'on obtient par la fermentation du jus de pommes ou de poires : dans ce dernier cas, il porte le nom de poiré. Il contient presque toujours les principes suivans : de l'alcool, beaucoup de sucre lorsqu'il est nouveau, du mucilage, une matière colorante, un principe amer, de l'acide carbonique et malique : il contient encore des matières salines et terreuses. Les cidres nouveaux sont lourds, venteux, indigestes ; ils sont laxatifs , et produisent souvent des coliques : ceux au contraire qui ont acquis une certaine vétusté, qui sont appelés

cidres parés, offrent des caractères bien différens ; ils sont d'une digestion facile, nourrissans,
toniques ; ils jouissent à peu près des mêmes
propriétés que les vins. Si l'on en boit trop , ils
peuvent déterminer une ivresse longue et dangereuse.

§ V. *Des Liqueurs alcooliques , et des infusions
dans ces liqueurs.*

Les différentes espèces d'eaux-de-vie existent
toutes formées dans les liqueurs qui ont passé à
la fermentation vineuse, d'où on les extrait par la
distillation : c'est du vin que l'on retire l'eau-de-vie
ordinaire. Les graines céréales et la pomme de
terre donnent aussi, par la distillation, une liqueur qui n'en diffère que par une odeur empyreumatique due à la carbonisation d'une matière
végéto-animale. En Allemagne, on retire des cerises le kirsch-wasser, qui a une saveur très-
agréable ; le rhum ou tafia , extrait du sirop de
mélasse, qui est aussi fréquemment employé.

Ces boissons sont , sans contredit , celles dont
l'usage est le plus pernicieux ; c'est surtout lorsqu'elles sont prises à jeûn que leur influence devient meurtrière : alors la membrane muqueuse
de l'estomac, qui se trouve en contact immédiat
avec ses liquides, n'est plus protégée, comme dans
l'état de plénitude de cet organe , par les alimens
dont ils se trouvent dissimulés. Ce sont de véri-
tables caustiques qui enflamment les surfaces
qu'ils parcourent, et les buveurs les plus intré-

pides ne peuvent s'empêcher de faire une gri-
mace en savourant un verre d'eau-de-vie. L'i-
vresse qui en résulte est furieuse, et donne lieu
à plus d'accidens que celle produite par les autres boissons.

Les ratafias, ou infusions aromatiques faites
dans l'alcool et sucrées, sont légèrement nourrissans, en raison de la quantité de sucre qu'ils contiennent. Les aromates qu'on y fait entrer leur
donnent la propriété particulière, suivant leur
différente nature. C'est ainsi que la vanille donne
aux liqueurs qui en contiennent une saveur extrêmement agréable, et semble les rendre un peu
aphrodisiatiques ; c'est ainsi que celles qui sont
spécialement aromatisées par la cannelle stimulent
et échauffent, que celles que caractérise la partie amère de l'absinthe, de l'écorce d'orange ou
du citron, excitent particulièrement l'estomac,
et sont par conséquent de très-bons toniques ; enfin, c'est ainsi que les liqueurs où domine la
partie aromatique des amandes amères ont sur
le système nerveux une action particulière qui
semble se rapprocher des substances narcoti-
ques, et toutes ces liqueurs, en raison de l'alcool
qui en constitue l'excipient ou le véhicule, présentent tous les inconvéniens des eaux-de-vie.

Leçon Troisième.

CAFÉ.

Histoire du Café. — Analyse chimique du Café. — 1°. Analyse du Café non torréfié. — 2°. Du Café torréfié. — Préparation du Café. — Première opération : torréfaction du Café. — Deuxième opération : pulvérisation du Café. — Troisième opération : infusion du Café. — Café au lait. — De la manière dont les Orientaux préparent leur Café. — Des propriétés du Café considéré sous le rapport physiologique. — Effets du Café sur la fonction assimilatrice. — Effets du Café sur le cerveau.

CAFÉ, s. m. On donne le nom de café aux graines du cafeyer (*coffea arabica*, LINN.), arbrisseau qui fait partie de la famille naturelle des *rubiacées* et de la *pentandrie monogynie* de Linnée.

Le cafier s'élève ordinairement dans un climat chaud et en pleine terre jusqu'à 45 pieds; sa racine est pivotante, peu fibreuse et roussâtre; son tronc, qui est droit, n'a guère que deux à trois pouces de diamètre : il donne naissance à des branches qui sortent d'espace en espace, toujours opposées deux à deux; elles sont arrondies, noueuses par intervalles, couvertes, ainsi que le tronc, d'une écorce blanchâtre, qui se gerce en se desséchant : elles sont garnies de feuilles entières, sans dente-

lures ni crénelures, aiguës par leurs deux bouts, op-
sées deux à deux, ressemblant aux feuilles du lau-
rier ordinaire; elles sont cependant moins épaisses,
plus pointues par leurs extrémités ; leur longueur
est de quatre à cinq pouces, et leur largeur de
deux; elles sont d'un beau clair vert gai, en tout
temps luisantes en dessus, et pâles en dessous.
Leur pédicule est fort court; leur saveur est
herbacée et n'a rien d'aromatique. De l'aisselle
de la plupart des feuilles naissent des fleurs ses-
siles jusqu'au nombre de cinq : elles sont mono-
pétales, à peu près de la figure de celles du
jasmin, et sont accompagnées de cinq étamines
insérées au tube de la corolle. Ces étamines dé-
bordent le tuyau, des pétales entourent un style
à deux stigmates qui surmontent l'embryon. Ces
fleurs passent fort vite, et ont une odeur douce
et agréable. L'embryon, ou jeune fruit, qui devient peu à peu de la grosseur et de la figure
d'un bigarreau, se termine en un ombilic ; il est
vert-clair d'abord, puis rougeâtre, ensuite d'un
beau rouge brun dans sa parfaite maturité. C'est
ce qu'on appelle café en coque. Sa chair est glai-
reuse, d'un goût douceâtre, désagréable. Elles
sont enveloppées dans deux coques minces, improprement appelées fleurs de café, renfermant
chacune une semence de couleur grise, et étroi-
tement unies, ovales, arrondies, voûtées sur
leur dos par l'endroit où elles se joignent,
creusées, dans le milieu et dans toute la longueur
de ce même côté, d'un sillon assez profond et
formé d'une tunique propre. Ce sont ces grains

qui, versés dans le commerce, portent le nom
de café.

On distingue, dans le commerce, différentes
sortes de café que l'on désigne, en général, sous
le nom des pays où on les récolte : tels sont le
café Moka, le café de Bourbon, le café Martinique, le café Cayenne et le café de Saint-Domingue. Le café Moka est celui qui procure la
boisson la plus suave, c'est aussi le plus estimé,
le plus cher, et celui qui tient le premier rang
dans le commerce ; le café Bourbon a conservé le
premier rang dans le commerce en qualité, mais les
gourmets lui préfèrent celui de la Martinique ou de
la Guadeloupe, bien choisi. Le café de Cayenne est
peu connu, à cause de la petite quantité qu'on en
cultive à Cayenne. Ce café est supérieur à celui de
la Martinique. Enfin, le café Saint-Domingue passe
pour être d'une qualité inférieure aux autres espèces que je viens d'énumérer. Je ne m'arrêterai
pas ici à examiner quelles sont les causes qui
influent sur leur degré de qualité ; un semblable
travail ne doit point trouver place dans un ouvrage de cette nature-ci.

Histoire du Café.

On n'est pas encore d'accord sur la découverte
du café, que les uns attribuent à la curiosité
d'un supérieur d'un monastère d'Arabie, qui,
voulant tirer ses moines du sommeil qui les tenait
assoupis pendant la nuit aux offices du chœur,
leur en fit boire l'infusion, sur la relation qu'un
garde-chèvres l'avait observé sur ses chèvres qui

avaient mangé de ce fruit. Les autres croient que nous la devons à la piété d'un muphti qui, pour faire de plus longues prières et pousser les veilles plus loin que les derviches les plus dévots, a passé pour s'en être servi un des premiers.

Le cafeyer, quoique originaire de l'Arabie heureuse, était en usage dans l'Afrique et dans la Perse, avant que les Arabes eussent songé à en faire une boisson.

Vers le milieu du quatorzième siècle, le muphti d'Aden, ville de l'Arabie, voyageant dans la Perse, y vit employer cette boisson, et, à son retour, il la fit connaître dans son pays.

D'Aden il se répandit dans toute l'Arabie et dans l'empire ottoman. A Constantinople, il y fut introduit en 1554, sous le règne de Soliman le Grand, par un Syrien. Il ouvrit, dans cette ville, deux cafés. Les vertus bienfaisantes et les qualités du café furent senties à Constantinople. On y voyait, dans ses établissemens, à toute heure, une multitude de gens de toute condition, même les pachas et les principaux grands de la Porte. Mais ce fut cette grande fréquentation qui attira l'orage qui éclata bientôt après contre le café; car elle dégénéra promptement en une telle fureur, qu'on ne sortait plus des cafés, et que, pendant qu'ils étaient remplis de monde, les mosquées se trouvaient vides dans les temps des prières. Tous les suppôts de la religion, les imans, les officiers subalternes des mosquées, le grand-muphti, furent désespérés de cette désertion. Ils en firent grand bruit. Les derviches et les dévots en murmurèrent hautement. Les prédicateurs, indignés de voir leurs auditoires abandonnés, ne furent pas ceux qui crièrent le moins haut ; ils se déchaînèrent tous contre ce déréglement et contre le café qui en était la cause. Enfin, voyant leurs déclamations et leurs efforts inutiles, ils se réunirent pour faire condamner le café comme chose défendue par la loi de Mahomet.

Ils imaginèrent de soutenir que le café, rôti comme on le prépare pour en faire la boisson d'usage, était du charbon ; qu'ainsi il était indubitable qu'il était défendu par la loi, puisqu'il était dit expressément dans l'Alcoran que le charbon n'était pas au nombre des choses créées pour la nourriture de l'homme. Ils dressèrent par écrit, et dans la forme usitée, une demande en ces termes : savoir si la loi de Mahomet permet l'usage d'une boisson faite avec du charbon, telle que la boisson du café, et présentèrent cette demande au grand-muphti, afin qu'il la décidât suivant le devoir de sa place. Le muphti trouva plus à propos de trancher la question, si le café est du charbon ou non, que de la décider ; et il donna une décision, ou *fet-fa*, qui portait que le café était défendu suivant la loi de Mahomet.

Sur cette décision, dont il n'était pas permis de révoquer en doute la véracité, le gouvernement, qui se sert quelquefois de superstition, dont il est quelquefois la dupe et l'instrument, fit fermer aussitôt tous les cafés, et les officiers de police eurent ordre de tenir la main à ce qu'on ne prît plus de café en public, ni même dans l'intérieur des familles.

Mais les vertus de cette boisson avaient été trop généralement senties, l'habitude que les hommes avaient contractée de jouir des avantages qu'elle procure était déjà enracinée; l'usage en était déjà trop généralement établi, pour qu'il fût au pouvoir d'aucune puissance humaine d'abolir cet usage. Beaucoup de gens prirent, autant qu'ils purent, du café en cachette; leur nombre augmenta chaque jour de plus en plus considérablement. La défense de prendre du café fut renouvelée sous le règne d'Amurat III, et l'on établit des peines rigoureuses contre ceux qui y contreviendraient; mais un penchant décidé triompha de toute sévérité qu'on pût employer, de sorte que les officiers de police, ne pouvant arrêter ce torrent, permirent, pour de l'argent, de vendre du café, pourvu que ce ne fût pas publiquement. Ainsi, on prit l'habitude d'en aller prendre en quantité d'endroits, la porte fermée : nombre de marchands en donnèrent à boire comme auparavant; ensuite le grand-muphti décida que le café était permis par la loi de Mahomet, et qu'il n'était pas du charbon.

Comme il était aussi permis de douter de la véracité de ce second *fet-fa* que du premier, les dévots, les imans, cessèrent de déclamer contre le café; ils furent eux-mêmes bien aises de profiter des bienfaits de cette boisson, ils s'accoutumèrent à en prendre : le muphti lui-même en prit, tout le monde enfin s'y habitua, depuis le plus grand seigneur jusqu'au plus petit, et les cafés se trouvèrent en plus grand nombre qu'auparavant. Les grands visirs se firent même un grand nombre de cafés, qui leur rapportaient par jour un ou deux sequins chacun. On peut juger par là de l'immense quantité de café qui se consommait, puisqu'on ne payait qu'une aspre chaque tasse de café. Depuis ce temps, on n'a plus songé à s'opposer à l'usage du café, et l'on peut assurer que ce serait bien vainement qu'on l'entreprendrait. Son introduction en Angleterre éprouva, sous Charles II, les mêmes difficultés qu'elle avait éprouvées en Turquie, sous les règnes de Soliman le Grand et d'Amurat. Aussi, en 1675, on y supprima les cafés comme des séminaires de sédition.

En France, l'établissement de ces lieux publics se fit et s'y maintint paisiblement. Son introduction ne remonte guère au-delà de l'année 1669, époque où Soliman-Aga (ambassadeur de la Porte ottomane), qui résida pendant un an à Paris, ayant fait goûter de cette boisson à plusieurs personnes, celles-ci en continuèrent l'usage après son départ. Bientôt ce goût devint général, et l'on établit des maisons publiques à l'instar de celles de Constantinople et de Perse, que l'on nomma cafés, où l'on vendait cette liqueur toute préparée. Le nombre de ces établissemens alla en croissant, à mesure que l'usage du café se répandit dans toutes les classes de la société. On désira bientôt posséder l'arbre qui produisait une graine

si précieuse, afin de chercher à le naturaliser et
à le multiplier dans d'autres contrées du globe.
Les Hollandais en transportèrent les premiers,
dans leurs colonies à Batavia, quelques pieds
achetés à Moka, d'où l'on tirait alors tous les
cafés du commerce ; de là ils en rapportèrent à
Amsterdam. Ce fut de cette dernière ville que,
vers le commencement du dix-huitième siècle,
le consul-général de France en envoya un pied
à Louis XIV ; cet arbrisseau, qui fut placé dans
les serres du Jardin des Plantes, se couvrit de
fruits, et se multiplia merveilleusement. Le gouvernement conçut dès-lors le projet de naturaliser
le cafier dans ses possessions des Indes occiden-
tales ; il en envoya trois pieds à la Martinique ;
Declieux fut chargé du soin de les transporter ;
la traversée fut longue et pénible, la provision
d'eau vint à manquer ; elle fut strictement me-
surée aux gens de l'équipage, ce qui fut cause
que deux pieds moururent en route.

> Chacun craint d'éprouver les tourmens de Tentale,
> Declieux seul les défie, et d'une soif fatale
> Étouffant tous les jours la dévorante ardeur,
> Tandis qu'un ciel d'airain s'enflamme de splendeur,
> De l'humide élément qu'il refuse à la vie
> Goutte à goutte il nourrit une plante chérie ;
> L'aspect de son arbuste adoucit tous ses maux.

ESMÉNARD. La Navigation, chant VI.

C'est à cette privation pénible, à ce noble dé-
voûment, que les nombreux cafeyers cultivés aujourd'hui à la Guadeloupe, à Saint-Domingue
et à l'île Bourbon, doivent leur existence.

Analyse chimique du Café.

1°. Analyse du café non torréfié, d'après M. Gubian.— Le café cru contient, 1° de l'acide malique; 2° de l'albumine; 3° de la gomme; 4° un principe colorant jaune; 5° une matière amère cristalline; 6° une huile presque fluide; 7° une substance grasse et solide; 8° une matière sucrée; 9° enfin du ligneux.

2°. Analyse du café torréfié, d'après l'auteur que je viens de citer plus haut. — Le café torréfié est composé 1° d'une matière particulière provenant de la décomposition de l'albumine et du mucilage ; 2° d'un peu d'amidon; 3° d'une petite quantité de matière amère; 4° d'une substance huileuse provenant de la décomposition des autres principes, et en partie de l'huile déjà existante dans le café cru ; 5° de la partie fibreuse légèrement carbonée; 6° enfin, d'une matière aromatique volatile dont on n'a pu encore déterminer la nature.

Préparation du Café.

La torréfaction du café, sa réduction en poudre et son infusion, sont les préparations communément adoptées aujourd'hui en France pour la composition de cette agréable liqueur.

PREMIÈRE OPÉRATION.

Torréfaction du Café.

La torréfaction est la première et non la moins essentielle des opérations que l'on fait subir au café, pour en préparer le liquide qui porte le même nom. Les vaisseaux de fer sont les plus convenables pour cet objet ; ils doivent être préférés à ceux de terre vernissée, dont l'usage peut devenir pernicieux, parce que l'émail ou le vernis dont ils sont revêtus, s'échauffant par la chaleur, tombe et se mêle au café. Ce grain, brûlé dans un vase de fer neuf, contracte à la vérité, dans les premiers temps, une odeur désagréable ; mais cet inconvénient n'existe plus quand l'instrument a servi quelquefois à cet usage. L'expérience journalière prouve que l'on peut brûler ensuite du café dans un instrument de pareille composition, sans aucune crainte. On en brûle dans des espèces de casseroles de fer à découvert. Cette manière d'opérer est très-mauvaise, elle favorise l'évaporation des parties les plus précieuses. La forme à donner à ce vaisseau est celle du tambour de fer que communément on emploie. Je n'en donnerai pas la description, parce qu'il est connu de tout le monde.

On introduit les grains du café dans ce cylindre creux, qui ne doit pas être entièrement rempli ; on assujettit bien la porte, qui est pratiquée en long sur les parties latérales, et qui glisse dans une coulisse, de manière à ne laisser aucune communication entre l'intérieur et l'air libre ; puis on place la machine, ainsi disposée, sur un fourneau dans lequel on entretient un feu clair, modéré et uniforme. On lui imprime, au moyen d'un manche garni de bois, des mouvemens circulaires réguliers, qui déplacent le café et soumettent successivement tous les grains à l'action de la chaleur ; ils augmentent d'abord de volume, en se pénétrant du calorique ; ils pétillent et se colorent en fauve : la pédicule qui les enveloppe, et que l'on nomme arile, se détache. Le café répand alors une odeur aromatique très-agréable ; il se dégage une vapeur assez considérable, le grain fume, brunit : alors l'odeur paraît légèrement empyreumatique ; le café transpire, devient huileux à sa surface, et cesse de fumer. Si l'on continue encore l'action du feu, le café se charbonne.

L'intervalle qui sépare l'instant où le café se colore de celui de la carbonisation est assez long pour qu'il soit difficile de déterminer le point où il faut s'arrêter, afin de conserver au grain ses propriétés les plus agréables ; mais il me semble que l'on doit avoir égard, dans cet examen, à l'espèce de café que l'on torréfie. Si c'est du café Moka que l'on opère, certains principes étant chez lui plus abondans, plus volatils, il faudra se garder de le soumettre à un degré de torréfaction aussi considérable que le café des îles : par une chaleur trop forte ou long-temps soutenue, l'on dissiperait cet arôme si précieux pour le palais exploitateur exercé d'un gourmet. On ne lui donnera donc qu'un degré d'action capable de faire passer à une couleur de cannelle. d'amande ou de chapelure de pain. Le café de la Martinique, qui contient plus de parties gommeuses, moins de parties aromatiques et huileuses, pourra éprouver un degré de torréfaction plus considérable ; on rapprochera par là davantage ses principes, et la couleur que le feu lui communiquera devra être portée jusqu'au brun marron.

Quand le café a acquis la couleur prescrite, on le tire de dessus le feu, et après avoir tourné le tambour à l'air, pendant environ deux minutes, on versera le grain sur un corps froid, tel que la pierre ou le marbre, afin d'arrêter l'évaporation de ses principes : aussitôt qu'il est parfaitement refroidi, on le met dans un vase de faïence ou de fer-blanc, peu importe, pourvu qu'il n'eût rien contenu capable de lui communiquer une mauvaise odeur, et qu'on a soin de fermer très-exactement. Quelques personnes l'étouffent encore dans une serviette ou dans du papier, mais cette pratique est très-défectueuse ; car ce corps s'imprègne de la partie huileuse du café, et on ne la retrouve pas dans le café.

DEUXIÈME OPÉRATION.

Pulvérisation du Café.

La pulvérisation du café torréfié est encore une préparation qui doit influer sur ses propriétés. Un moulin, dit à café, est l'instrument que l'on emploie pour cet effet. Les grains ne doivent ja-

mais être moulus ou pulvérisés avant leur entier
refroidissement. Leurs substances ayant été rendues pâteuses par l'action du feu, je crois qu'il
serait aussi convenable de ne les réduire en
poudre qu'au moment où l'on veut faire infuser ;
ils perdraient moins les propriétés fugaces : les
Arabes ont cette habitude. Cette poudre ne saurait être trop tenue, ses molécules intégrantes
étant ainsi divisées, les parties solubles seront plus
à nu, se fixeront plus facilement et en plus
grande quantité aux véhicules qu'on leur présen-
tera. M. Cadet-de-Vaux a observé que le café
moulu et torréfié, comme cela se pratique ordinairement, n'est pas la meilleure méthode pour
le diviser ; que le grain pilé dans un mortier con-
serverait plus d'arôme que celui qui est passé au
moulin.

TROISIÈME OPÉRATION.

Infusion du Café.

Après avoir examiné les principes constituans
du café, parlé de sa torréfaction, il est naturel
que j'expose maintenant les méthodes à suivre
lorsqu'on veut en préparer l'infusion.

Ire MÉTHODE.—*Infusion du Café par la cafetière.*

La conformation de cet instrument varie, l'on
doit préférer la cafetière d'argent, de porcelaine ; mais on peut aussi employer celles qui
sont de terre vernissée, en fer-blanc battu,
poli et étamé. La forme à leur donner ne doit pas

être négligée ; elles seront larges dans la base, étroites par le haut, qui sera muni d'un couvercle troué à son centre. Les proportions que l'on doit avoir avec le café à infuser sont généralement de deux livres ou une pinte, pour deux onces et demie, ou trois onces de la poudre de ce fruit. On fait d'abord bouillir cette eau : lorsqu'elle a acquis un certain degré de chaleur, on la retire du feu ; l'on y dépose la quantité de café prescrite, et l'on place la cafetière sur des cendres chaudes, capables d'entretenir le liquide à une température où il se trouve, sans le porter à l'ébullition, qui dissiperait ses parties volatiles. Par cette digestion, qui devra durer deux heures, l'eau se charge, pendant ce temps, des principes du café, qui s'infuse lentement, se laisse pénétrer sans perdre son arôme ; mais cette poudre, pendant cette opération, n'étant pas agitée par l'ébullition, elle se précipite insensiblement au fond du vase, forme un dépôt que le liquide ne fait qu'effleurer, sans se charger de ses parties solubles, ce qui prouve la nécessité de le mettre en mouvement. Pour remplir cette indication, l'on emploie communément une cuiller, avec laquelle on suspend de nouveau cette substance ; mais ce procédé favorise le dégagement des parties aromatiques. On se servira avec avantage d'une espèce de pinceau ou de moussoir à chocolat, dont on passera le manche par le trou du couvercle de la cafetière ; on agitera de temps à autre le liquide, en tournant l'extrémité de l'instrument entre les deux mains. Au bout de deux heures d'infusion

on retire la liqueur de dessus le feu ; on la laisse
reposer pendant un quart d'heure , puis évitant
de lui communiquer aucun mouvement, l'on décante avec précaution lorsqu'elle paraît claire,
pour être prise à l'instant même avec du sucre.
Dans les grandes maisons, et chez les limona-
diers, on clarifie le café avec la colle de poisson :
c'est le moyen, sans doute, de le rendre agréable
à la vue ; mais on lui ôte par cette addition une
grande partie de son arôme.

IIᵉ Méthode.—*Infusion du Café par l'appareil
de Dubelloi.*

Cet appareil consiste en un double fond destiné à recevoir de l'eau bouillante pour entretenir
le café chaud : c'est un bain-marie dans lequel
plonge la cafetière qui reçoit le café à mesure qu'il
filtre.

Au-dessus de cette cafetière est un vase , une
capsule destinée à l'infusion , que j'appellerai in-
fusoir ; il est oblong et cylindrique : son fond est
un diaphragme ou crible , qui retient le café pulvérisé, et à travers lequel filtre l'infusion.

Un fouloir sert à tasser le café : compression
qui fait que la liqueur , filtrant plus lentement,
se charge de plus de parties extractives du café.

Une écumoire est portée à la surface de la capsule ; elle a pour objet d'empêcher que le flux de
l'eau, par sa chute, ne soulève le café comprimé.

Le tout ainsi disposé , on verse l'eau bouillante ; elle traverse plus ou moins lentement

la couche du café , et filtre dans la cafetière destinée à recevoir l'infusion , qui s'y tient chaude à
la faveur du bain-marie.

Café au lait.

Le déjeûner favori des dames est communément le café au lait, plusieurs sont à la crême ;
cette manière de le prendre le matin a son utilité
et ses inconvéniens ; celui qu'on lui reproche le
plus communément, c'est de donner des fleurs
blanches , et d'en augmenter considérablement
cette évacuation chez les personnes qui en sont
habituellement incommodées. Ce reproche ne me
paraît pas sans fondement , l'expérience me l'a
confirmé, et je pense que les femmes, chez lesquelles, comme c'est le plus ordinaire, cette
maladie est accompagnée de mauvaises digestions, doivent s'abstenir de café. Il est à remarquer que l'habitude exerce son empire d'une
manière particulière sur des femmes qui font
journellement usage du café ; que ce qu'elles
éprouvent varie selon les individus, mais que toutes en ressentent quelques atteintes à leur santé.

De la manière dont les Orientaux préparent leur Café.

Comme on fait un grand usage de café en Asie,
j'obligerai sans doute les amateurs, en leur indiquant la manière dont on l'apprête et dont on le
prend en Turquie et en Perse. Il y a en Turquie,
sous la surveillance de la Porte, un établissement

considérable, dans lequel un grand nombre d'ouvriers sont occupés à brûler du café Moka, et à
le piler dans de grands mortiers de marbre. On
le distribue en poudre presque imperceptible
aux cafetiers et aux marchands de la ville . suivant les demandes qu'ils en font. Les particuliers
ont aussi la faculté, moyennant un léger droit,
de porter du café à cet établissement pour le faire
torréfier et piler ; mais il était défendu, sous des
peines très-sévères, de mêler au café d'Arabie
celui d'Amérique, moins cher et moins estimé ;
ce qui n'empêchait pas que Marseille, à elle seule,
n'en fournissait autrefois à cette capitale pour la
valeur d'un million chaque année.

Les Turcs ont des intendans particuliers, qu'ils
appellent *kaveghis*, c'est-à-dire officiers du
café. Dans le sérail, il y a plusieurs kaveghis;
chacun préside à vingt ou trente battargis, qui
sont chargés de préparer cette agréable liqueur.
Ils commencent par mettre le café à sec dans un
grand coquemard, qu'ils appellent *gbrik*, et le
font chauffer à petit feu, ou simplement sur des
cendres chaudes, en le remuant souvent jusqu'à
ce qu'il répande une agréable odeur ; ensuite ils
versent dessus de l'eau, dans laquelle on fait
bouillir le marc du café de la veille, et qu'on laisse
clarifier; après quoi ils le replacent sur le feu,
sans attendre, pour le retirer, qu'il bouille : il
suffit qu'ils voient paraître une légère écume
blanchâtre, semblable à de la crème ; ils le versent alors d'un pot dans un autre, deux à trois
fois. Pour le clarifier, ils placent sur la couverture

de la cafetière un linge mouillé d'eau froide, ou bien, ils en jettent une cuillerée. Néanmoins il arrive très-souvent que les Turcs le prennent trouble par goût ; quelquefois ils le préparent plus simplement ; ils mettent les poudres de café dans l'eau, à laquelle ils font subir dix à douze bouillons ; ils en usent presque toute la journée, et ce que l'eau prépare de liquide avec trois ou quatre onces de café est regardé chez eux comme une dose modérée pour la journée d'une personne. Il est la boisson ordinaire, et remplace le vin. Il n'y a ni pauvre ni riche qui n'en boivent au mo'ns deux ou trois tasses par jour ; il paraît si nécessaire à la vie, que souvent un mari s'engage, par contrat de mariage, d'en fournir à sa future épouse. Ils le prennent extrèmement chaud, dans de petites tasses de porcelaine, sans ajouter ni sucre ni lait, mais jamais à jeûn : autant vaudrait, disent-ils, suivant la maxime du pays, avaler le bouton de son habit : ils mangent auparavant quelques fritures.

Lorsque vous rendez visite à un Turc, s'il a de la considération pour vous, de suite on vous apporte une tasse de café : si l'on vous en sert une seconde, c'est que vous jouissez d'une haute estime dans son esprit ; mais aussi c'est faire une injure que de ne pas l'accepter, ou de ne pas en offrir ; ils en témoignent leur haine par leur mépris. Les maisons où il se vend publiquement sont très-fréquentées et assez richement décorées ; il y a ordinairement des musiciens qui sont gagés du propriétaire, afin d'y attirer du monde.

Thévenot, dans son *Voyage au Levant*, dit que, lorsqu'on entre dans une cavehane, on entend une plaisante musique de humerie, parce que le café qu'on y sert étant très-chaud, on le boit à tout petits traits, de peur de se brûler. Quand quelqu'un voit arriver un personnage de sa connaissance ou un autre individu qui a l'air honnête, s'il est poli, il donnera ordre au maître de la maison de ne pas prendre son argent, et cela par le seul mot *giaba*, c'est-à-dire gratis, de même qu'on donne en France de l'argent pour boire à ceux qui ont rendu quelques services. On donne aussi à Constantinople, et ailleurs dans le Levant, *cahoué-alkchehsi*, l'argent du café.

Les Turcs font encore une autre espèce de boisson avec les capsules qui se trouvent immédiatement sous le corps charnu de la baie du caféyer, et qui enveloppent la semence. Il paraît qu'elle est fort de leur goût : les gens riches en font spécialement usage en été, et la regardent comme très-rafraîchissante. Cependant Carminati et Muray disent en avoir préparé, et l'avoir trouvée insupportable. C'est ce que les Français appellent *café à la sultane*.

Chardin, dans son *Voyage en Perse*, donne la description des cafés d'Ispahan; il dit que ce sont des salons spacieux, élevés de différentes manières, où l'on voit des bassins d'une eau très-belle, qui contribue à entretenir la fraîcheur. Des estrades d'environ trois pieds de hauteur sont destinées à s'asseoir à la manière asiatique.

C'est le soir qu'il y a le plus de monde, l'on

y cause de la politique, on s'y livre à plusieurs
jeux ; les poètes viennent aussi réciter leurs vers
dans ces salons. Un mollach se met quelquefois
debout au milieu du café, et prêche à haute
voix ; ou bien un derviche entre tout-à-coup, et
apostrophe la société sur la vanité du monde, de
ses biens, de ses honneurs : on n'oblige personne
à quitter sa conversation ni son jeu. Pour cela,
il arrive souvent que deux ou trois individus par-
lent en même temps; l'un sera un prédicateur,
l'autre un faiseur de contes, et chacun ayant fini
de discourir demande quelque chose aux as-
sistans. Mais il paraît, suivant Olivier, que ces
maisons publiques sont bien déchues de leur
splendeur, qu'elles ne sont plus aussi fréquentées
qu'elles l'étaient autrefois. Durant les troubles
civils, ces personnes n'y pouvant plus causer en
liberté, ni s'y montrer sans donner lieu à des
informations et à des perquisitions qui pouvaient
leur devenir funestes, se sont déshabituées peu
à peu d'une boisson qui devenait, au contraire,
chaque jour plus générale chez les Turcs. La plupart des cafés que l'on voit à Ispahan ne distri-
buent autre chose que des pilules d'opium et
des breuvages faits avec des têtes de pavots ou
avec des feuilles de chanvre.

*Des propriétés du Café considéré sous le rap-
port physiologique. — Effets du Café sur la
fonction assimilatrice.*

Après avoir subi quelques préparations préli-

minaires dans la bouche, les alimens se dissolvent, se décomposent par l'intermède de certains
agens, que l'estomac, les intestins, le foie, le
pancréas leur appliquent, et qui les préparent
à revêtir la nature des substances animales. Les
principaux sont la chaleur, l'air, le fluide gastrique, un mouvement continuel de contraction,
les sucs biliaires et pancréatiques, enfin un concours d'actions de toute l'économie. Ces conditions sont indispensables au grand œuvre de la
digestion, autrement elle languit, se déprave ; le
chyle qu'elle fournit est mal élaboré ; au lieu d'être
un principe de vie, il devient la source de maux
innombrables. S'il est des moyens de prévenir ces
désordres, le café doit surtout y contribuer. Quelle
est la liqueur, la substance qui, plus que son infusion, soit propre à prévenir ces crustations,
ces aridités, ces matières glaireuses, ces incom-
modités, suite de l'intempérance, à faire cesser
les angoisses d'une digestion pénible ? Elle produit une action tonique, prompte sur la contractilité des fibres musculaires de l'estomac ; elle
augmente les oscillations péristaltiques dont il
est agité. Les alimens deviennent moins pesans,
et sont soumis à une trituration plus exacte ; elle
appelle à son aide toutes les forces de l'organisation, qui viennent se concentrer vers les organes
digestifs. Le sang, ce fluide vivifiant, les parcourt en plus grande quantité ; il excite leur
force, réveille leur activité languissante, exalte
en eux toutes les facultés de la vie, et les dispose
à les transmettre. Le sang circule plus abon-

damment et d'un cours plus actif dans les vaisseaux qui rampent sur les membranes de l'estomac, laisse dégager une plus grande somme de chaleur, qui raréfie, ramollit la pâte alimentaire. Par la même raison, le suc gastrique, générant la digestion, est aussi sécrété en plus grande quantité ; il pénètre profondément et plus promptement les matières soumises à son influence ; enfin le café procure une sensation inexprimable de bien-être dans la région épigastrique, qui se reproduit dans tous les membres avec une chaleur douce et vivifiante. Ses principes, mêlés avec le chyle, franchissent l'ouverture pylorique, et joignent leur action avec celui des alimens ; ils sollicitent les conduits biliaires, qui versent plus abondamment les fluides que sécrètent le foie et le pancréas, fluides qui font subir au mélange nutricier les changemens auxquels ils sont préposés. Le café détermine aussi sur les intestins une irritation dont l'effet naturel est de les contracter et de faire parcourir à la masse alimentaire toutes les circonvolutions intestinales. Le chyle qui est déposé dans leurs valvules conniventes, rendu plus subtil, se présente aux orifices des radicules des vaisseaux lactés ou chylifères, lesquels, y trouvant un surcroît d'excitation, sont plus disposés à l'exalter, à le pomper, et à le transmettre au canal thorachique jusque dans les vaisseaux sanguins, pour être exposé à l'action de l'air atmosphérique dans les poumons.

Les impressions qu'ont reçues les organes de la digestion se réfléchissent bientôt sur une corres-

pondance sympathique vers les différens systèmes
de l'économie, ou peut-être même le café con-
serve-t-il encore, dans l'appareil circulatoire,
l'énergie et les qualités stimulantes qui le carac-
térisent. Le pouls se développe, augmente de fréquence ; le sang parcourt sa route avec plus de
vitesse et de force ; il pénètre toutes les dimen-
sions de nos parties, s'applique à tous les points
de leur substance, s'y insinue à travers leurs plus
secrets replis, et la circulation paraît plus égale :
tous nos organes recevant de ce fluide réparateur
les matériaux sur lesquels il s'exerce doivent
redoubler d'action ; la peau semble s'épanouir à
son abord, elle ouvre volontiers ses pores à la
transpiration insensible, qui est accélérée en raison de la force et de la quantité avec laquelle le
cœur chasse le sang dans les vaisseaux capillaires.
Les muscles jouissent de plus d'aisance de leurs
contractions qui sont plus fortes et suivies de
moins de fatigue qu'à l'ordinaire ; les sécrétions
doivent aussi participer à l'influence du café, redoubler d'activité, et fournir des produits plus
considérables ; l'utérus et les reins paraissent y
être spécialement soumis. Il est d'une pratique
ordinaire d'administrer le café en infusion dans
l'aménorrhée. Mosselay dit, dans son *Traité du
Café*, que, si avant de prendre cette liqueur
agréable, on avale un verre d'eau, elle devient
apéritive. Percival assure que c'est un excellent
diurétique : si une bonne digestion a donné au
chyle, qui est maintenant confondu avec le sang,
toutes les qualités nécessaires pour réparer nos

pertes, la nutrition doit s'effectuer avec plus d'aisance. Chaque organe, suivant sa texture, suivant le mode de sensibilité qui lui est propre, et par un véritable choix, puisera abondamment dans un sang plus riche les élémens destinés à son entretien, se les identifiera, et tout le corps devra éprouver un accroissement de vigueur. Le café n'est presque pas une nourriture par lui-même, son infusion contient peu de matières alibiles ; mais il sert, comme tous les excitans, les toniques, les aromates, à prolonger l'abstinence que cause la faim. Bernier rapporte que les Turcs ne se soutiennent, pendant un temps assez considérable, sans autre aliment que le café, qu'ils regardent comme une substance très-nourrissante : c'est dans cette idée que, pendant le jeûne austère du ramasam ou carême des Turcs, il est non seulement défendu d'en prendre, mais on est même accusé d'avoir violé les lois du prophète pour en avoir seulement flairé l'odeur.

Effets du Café sur le cerveau.

Si le café accélère la circulation de tous les organes, comme je l'ai exposé plus haut, le cerveau aura part aussi à cette influence ; il sera donc alimenté d'un sang plus considérable, qui lui fournira abondamment les principes nécessaires à l'entretien de ses fonctions, et par conséquent de ce que je viens de dire, son énergie devra être augmentée.

On se rend, dit l'illustre Cabanis, plus propre aux travaux par certaines précautions de ré gime ; parmi ces précautions, le café devra , je crois, tenir un des premiers rangs. Le grand usage qu'en font les personnes abandonnées aux lettres, les savans, enfin tous ceux dont le genre d'occupation demande une action spéciale de l'organe pensant, établit ce que j'avance. En effet, cette boisson merveilleuse favorise l'application à l'étude, à la méditation ; elle donne aux sens une activité plus grande , les démarches sont plus distinctes , mieux perçues, plus vives ; l'intelligence est plus prompte; elle réveille la mémoire qui devient plus précise, moins incertaine, moins éphémère; elle développe l'imagination sans l'altérer ; les idées sont plus saillantes, plus nettes. Il fait aussi naître de bons mots, inspire une aimable gaieté, donne une autre pente aux affections tristes: il déride les fronts sévères, favorise les épanchemens de l'amitié, et réconcilie quelquefois deux ennemis. Bacon prétend que le café soulage la tête ; Willis assure que si l'on en boit tous les jours, il éclaircit, vivifie l'âme et dissipe les chagrins. Voltaire disait que , lorsqu'il voyait fumer sa tasse , il sentait sa verve se ranimer. Ce n'est donc pas sans raison, a écrit le sénateur Cabanis, que quelques écrivains ont appelé le café une boisson intellectuelle : aussi plusieurs auteurs de nos jours lui ont payé leur tribut de reconnaissance.

Voici comment s'exprime l'immortel J. Delille :

> A peine j'ai goûté la liqueur odorante,
> Soudain de ton climat la chaleur pénétrante
> Agite tous mes sens, sans trouble , sans cahots ;

Mes pensers plus nombreux accourent à grands flots.
Mon idée était triste, aride, dépouillée,
Elle rit, elle sort richement habillée,
Et je crois, du génie éprouvant le réveil,
Boire dans chaque goutte un rayon du soleil.

M. Berchoux, dans son délicieux poème de *la Gastronomie*, n'en fait pas un éloge moins pompeux.

Le café nous présente une heureuse liqueur,
Qui d'un vin trop fameux chassera la vapeur;
Vous obtiendrez par elle un desservant lutable,
Un esprit plus ouvert, un sang-froid plus aimable.
Bientôt mieux disposé par ses puissans effets,
Vous pouvez vous asseoir à de nouveaux banquets.
Elle est du dieu des vers honorée et chérie;
On dit que du poète elle sert le génie,
Et que plus d'une fois le rimeur échauffé
A dû de meilleurs vers au parfum du café.
Il peut du philosophe égayer les systèmes,
Rendre aimables, badins les géomètres mêmes.
Par lui l'homme d'état dispose après dîner,
Forme l'heureux projet de mieux nous gouverner.
Il déride le front de ce savant austère,
Amoureux de la langue et du pays d'Homère,
Qui, fondant sur les Grecs sa gloire et ses succès,
Se dédommage ainsi d'être un sot en français.
Il peut, de l'astronome éclaircissant la vue,
L'aider à retrouver son étoile perdue.
Viens, mon aimable Hébé, que tes heureuses mains
Nous versent à longs traits le nectar des humains.

Tout le monde sait que le café favorise la veille; cet effet est surtout sensible chez les personnes qui en prennent rarement, ou dont les nerfs sont très-irritables. Chez celles qui en prennent beaucoup ou très-chargé, le phénomène tient encore

à ce que les forces circulatoires provoquées déterminent vers le cerveau un afflux de sang plus
considérable, qui se maintient dans un degré
d'excitation incompatible avec le sommeil; mais
il paraît que l'insomnie produite par cette liqueur
n'a pas de suites fâcheuses, comme on aurait
lieu de le craindre, si elle dépendait de toute
autre cause.

Les derviches supportent, dans leur fanatique
ferveur, les veilles et la longueur de leurs prières
nocturnes au moyen du café, sans éprouver d'ac-
cident bien manifeste. Le soir, il soutient l'esprit
affaibli; il aide ceux qui, entraînés par l'ardeur
des travaux et des méditations, cherchent à arracher quelques heures au sommeil, et à se
soustraire à ses pavots assoupissans; mais cette
propriété anti-noctique du café est subordonnée
à l'habitude qui émousse tout, jusqu'à la force
des poisons les plus actifs.

Le temps le plus propre à prendre le café est
sans doute celui où finit le repas; il aide d'une
manière douce la digestion; il apaise les fou-
gues, les fureurs de Bacchus divorcé avec les
nymphes : c'est alors que l'on palpe en quelque
sorte sa puissance. L'engourdissement où est
plongé le corps, les nuages qui couvrent l'intelligence se dissipent, et il donne autant de liberté
en esprit que le vin en excès lui apporte de trouble; il fait oublier le goût des alimens, qui est
remplacé par un parfum qui se conserve assez
long-temps. Il sera très-utile aux estomacs qui,
par leur faiblesse, seraient en défaut, même avec

une alimentation modérée. Il convient aussi aux estomacs forts, dans une alimentation considérable qui épuise les forces digestives, les opprime, les éteint sous la charge d'un fardeau, sur lequel elles ne peuvent réagir. Le café sera de même très-approprié à ceux qui observent encore strictement le régime du carême, la nourriture dont ils usent alors étant tirée des végétaux, qui sont pour la plupart froids, aqueux, laissant dégager beaucoup de gaz, et qu'on assaisonne en maigre. Cette boisson est généralement nuisible aux enfans ; elle peut être avantageuse à quelques-uns, à ceux, par exemple, qui sont menacés de scrophules, de rachis : par son usage on augmentera l'énergie des propriétés vitales. Les fonctions digestives, qui sont souvent lésées par les mauvais alimens dont on surcharge ses petits malheureux, s'exerceront plus librement ; on préviendra les coliques, les diarrhées, le développement des vers, le carreau, et toutes les autres maladies qui sont l'apanage de l'enfance. On peut mêler à leur bouillie, qu'on leur prépare, une cuillerée de cette liqueur sucrée, ou bien on la leur fait prendre après qu'ils ont avalé cette nourriture. Le café conviendra spécialement aux vieillards, pour hâter leur digestion et soutenir la contractilité du système musculaire. On le recommandera surtout en hiver, s'il est humide, et en été plus que dans toute autre saison. Les organes internes sont frappés d'une véritable débilité ; toute l'action, tous les mouvemens sont dirigés au dehors ; les sueurs sont abondantes ou même excessives, l'énervation est à son comble. Le café, pris modérément, fera dériver une partie des forces sur le centre épigastrique, l'harmonie se rétablira entre les parties extérieures et intérieures ; à la débilité succéderont le bien-être d'activité et la force.

Les femmes d'une constitution très-irritable, ainsi que les personnes d'un tempérament sanguin, doivent s'en abstenir ou du moins ne le prendre que très-faible et mélangé avec beaucoup de sucre.

Leçon Quatrième.

CIDRE.

———

Cidre, s. m. *Pomaceum.* Le cidre est une liqueur fermentée, extraite des pommes et quelquefois des poires, et même des cormes.

Histoire du Cidre.

Le cidre paraît nous avoir été apporté en Normandie par les Maures de la Biscaye, qui en avaient conservé l'usage en venant d'Afrique; il s'est répandu ensuite dans quelques provinces de la France, d'où on l'a transporté en Allemagne, en Amérique et en Russie : c'est cependant dans quelques crus de la Normandie que l'on prépare le meilleur cidre. La culture du pommier s'étend aujourd'hui beaucoup en France; elle a été récemment introduite dans plusieurs parties des Ardennes. Quelques propriétaires de la Bourgogne ont eux-mêmes essayé de se garantir d'un manque absolu de toute boisson, dans les mauvaises

années en vins, par des plantations de pommiers.
On sait que dans les bons terrains, la récolte des
pommes manque rarement.

Composition chimique du Cidre.

On n'a point fait encore d'analyse exacte du
cidre ; sa composition doit différer suivant une
foule de circonstances ; mais les substances qu'il
contient, et dont les proportions varient, sont
les suivantes : 1° du sucre en plus grande quantité que dans les autres liqueurs fermentées ;
2° de l'alcool, d'après M. Brande, proportion
pour cent par mesure, 9,87 ; 3° une matière colorante ; 4° du mucilage ; 5° un principe extractif amer ; 6° une grande quantité d'acide carbonique ; 7° de l'acide carbonique ; 8° de l'acide
malique ; 9° plusieurs substances salines ou terreuses. Ces diverses substances varient non seulement dans les différens cidres, mais encore
dans les mêmes, s'il est récent ou ancien, s'il a
été conservé dans des bouteilles ou dans des tonneaux, etc.

Des causes qui influent sur la qualité du Cidre.

La qualité des fruits qu'on met en usage pour
faire le cidre est la cause la plus puissante des
différences de cette liqueur. Quant à leur saveur,
on a remarqué que les cidres qu'on obtenait
différaient selon que les pommes étaient douces.

acides, amères ou âpres. Les premières font un
cidre doux, peu généreux, qui se conserve peu;
les secondes font un cidre léger, qui noircit à
l'air, passe facilement à l'aigre. Les fruits âpres
et amers donnent un cidre fort généreux, coloré,
qui se conserve. Les terrains où croissent les
pommes, comme ceux où croît la vigne, font
singulièrement varier la liqueur dont nous par-
lons. On distingue, en Normandie, trois crus principaux : les crus les plus estimés sont ceux qui
renferment des terres fortes, élevées, et qui sont
éloignées du bord de la mer. A mesure qu'on
avance vers les côtes, le cidre devient de qualité
inférieure ; l'âge du cidre le fait varier encore.
Dans les premiers temps de sa fabrication, il est
riche en mucoso-sucré; au bout de quelque temps
il s'épure, il contient alors un peu d'alcool ; enfin, au bout de quelques années, plus ou moins,
il devient plat, et n'est plus potable.

Fabrication et conservation du Cidre.

Non seulement chaque pays, chaque canton,
fabriquent le cidre à sa manière ; mais chaque
propriétaire a son procédé particulier. Lorsqu'on
a mélangé les pommes convenablement, on les
écrase à l'aide d'un pilon, d'un maillet, mais
mieux d'une meule; on y ajoute ordinairement
une certaine quantité d'eau, selon le cidre qu'on
veut obtenir; on met ensuite cuver le marc sur
le parquet du pressoir, en couches minces séparées par de la paille, ou par un tissu de

crin ; on les laisse égoutter pendant deux jours :
ce suc donne le meilleur cidre ; on le presse
et on le reçoit dans des cuves, dans lesquelles il
fermente bientôt. Après cette fermentation, on
le soutire dans des tonneaux, qu'on ne ferme
que lorsque toute l'écume a été rejetée, et qu'on
les a remplis. Bientôt la liqueur est éclaircie, et
le cidre est fait ; mais quelquefois il fermente encore pendant six mois. Les petits cidres se fabriquent avec des pommes de qualités inférieures,
ou avec le marc des gros cidres.

On a coutume de conserver le cidre dans des
tonneaux, mieux vaudrait le mettre en bouteilles ;
car le liquide qui reste long-temps en vidange s'altère : il devient brun, verdâtre, perd son acide
carbonique et son alcool ; il passe d'ailleurs facilement à la fermentation.

Effets du Cidre sur l'économie animale.

Ces effets sont immédiats ou consécutifs ; ils
varient selon les espèces de cidres. On en connaît
plusieurs espèces : 1° les gros cidres sucrés, mousseux, qui contiennent encore beaucoup de mucoso-sucré ; ils sont lourds, difficiles à digérer,
et quelquefois purgatifs : lorsqu'ils ont vieilli, ils
perdent beaucoup de ce principe, sont plus légers, plus agréables et plus fortifians ; 2° les
cidres composés et cuits, dont les ingrédiens sont
très-rapprochés, et qui, par leur goût et leurs
effets, se rapprochent des vins cuits du midi :
3° on appelle cidres parés ceux qui ne fermen-

tent plus, qui sont d'une belle couleur ambrée, qui contiennent une certaine quantité d'alcool et d'acide carbonique ; ils sont fortifians, généreux et nourrissans : 4° les cidres moyens sont des cidres de première qualité, qu'on a brassés avec une certaine quantité d'eau, ou des cidres de diverses qualités mêlés ensemble, ou bien enfin, de gros cidres étendus d'eau, quelques jours avant d'en faire usage ; c'est une boisson très-salutaire : 5° je n'en dirai pas autant du petit cidre fait avec des pommes de mauvaise qualité ou du marc ; plusieurs fois resté, cette boisson est aussi peu bienfaisante que peu agréable. Enfin, les cidres troubles et altérés, faits avec la lie des gros cidres, avec des fruits pourris, ou simplement trop mûrs, sont indigestes, et peuvent produire beaucoup d'accidens. Le bon cidre, lorsqu'il n'est pas nouveau, est une boisson saine et généreuse, et qui produit la plupart des effets du vin. Les habitans des pays qui en font leur boisson ordinaire sont forts, robustes, bien faits et d'un bel embonpoint.

Parmi les différens écrits faits à la louange du cidre, je dois rapporter ici les beaux vers de Castel, comme étant encore le plus bel éloge qu'on ait fait de cette boisson. Voici comment s'exprime cet auteur :

C'est toi, fils de la pomme, étincelant breuvage ;
C'est toi qui sus jadis enflammer le courage
De ces fiers Neustriens, dont le bras indompté
Fit ployer Albion sous leur joug redouté ;

Animas par ton feu le père de la scène (1),
Aux rivages français amenas Melpomène,
Et ressuscitant Rome aux yeux du spectateur,
Nous montres ses héros dans toute leur hauteur.
Tu sais , en pétillant sur la table enchantée ,
Joindre à l'éclat de l'or une mousse argentée.
La fièvre, aux feux ardens que rallume le vin ,
Abandonne sa proie à ton esprit divin.
L'arbre qui te produit n'occupe pas sans cesse
Les mains du laboureur autour de sa faiblesse;
Il se suffit lui-même , et ses bras vigoureux
Savent bien , sans nos soins , porter leurs fruits nombreux.
C'est l'ami de Cérès , à l'ombre de sa tête ,
Les épis fortunés méprisent la tempête ;
Et dans les mêmes champs , une double moisson
Nous donne l'aliment auprès de la boisson.

Poëme des Plantes.

(1) Le grand Corneille.

Leçon Cinquième.

CHOCOLAT.

Chocolat dit de santé. — Chocolat aromatique, dit Chocolat à la vanille. — Chocolat nutritif. — Préparation de la boisson de Chocolat.

Chocolat, s. m. *Chocolatum.* Aliment fort usité dans certains pays, mais principalement en Italie et en Espagne, dont la base est formée d'amandes de cacao torréfiées et de sucre, mais dont on varie la composition de plusieurs manières, que je vais exposer succinctement.

Parmi les nombreuses préparations de chocolat, on peut en distinguer trois principales : 1° le chocolat dans son plus grand état de simplicité, dit chocolat de santé ; 2° le chocolat dans lequel on a fait entrer des arômes, dit chocolat à la vanille ; 3° enfin, celui dans lequel on a mélangé des écules, que j'appellerai chocolat nutritif.

Chocolat dit de santé.

Après avoir fait choix de cacao convenable, ce qui exige quelques connaissances de la part du fabricant, on le fait torréfier à la manière du café , on l'écrase ensuite au moyen d'un rouleau de bois. Après l'avoir laissé refroidir à moitié , on le dépouille de son enveloppe , au moyen du van et du crible ; après cette première opération , on le pile dans un mortier de fer, élevé à une certaine température ; on le réduit en pâte grossière , qu'on laisse refroidir sur une plaque de marbre. La bonne qualité du chocolat dépend beaucoup du degré de finesse de la pâte : on a inventé plusieurs procédés pour la rendre aussi fine que possible. Il est des fabricans qui ont fait construire pour cela des machines fort ingénieuses. La manière la plus simple consiste à broyer la dernière pâte , dont je viens de parler, avec un cylindre de fer, sur une pierre chauffée avec de la braise placée au-dessous ; lorsqu'on juge que la pâte est assez fine , on mélange avec elle une certaine quantité de sucre, dans une bassine chaude ; on la broye ensuite de nouveau ; enfin, on le met dans des moules de fer-blanc : tel est le chocolat dans son plus grand état de simplicité.

Les proportions des matières les plus convenables pour la composition de ce chocolat , sont huit livres de cacao caraque, deux livres de cacao des îles , et dix livres de sucre. Ce chocolat, ainsi que ceux dont je vais parler , se prend au lait ou à l'eau. Dans le premier cas, il est rendu plus nutritif; mais comme on le pense bien, il ne lui ôte rien de ses qualités relâchantes.

Chocolat aromatique, dit à la vanille.

Cette espèce de chocolat s'obtient en mélangeant, avec vingt livres du chocolat précédent, trois onces de vanille, deux onces de cannelle, qu'on triture avec le sucre qui doit entrer dans la confection du chocolat. Le girofle, le piment, le gingembre, et autres aromates qu'on substitue à la cannelle et à la vanille, doivent être rejetés, ils rendent le chocolat d'une âpreté insupportable.

Chocolat nutritif.

On a imaginé d'incorporer avec le chocolat certaines fécules qui le rendent plus ou moins nourrissant, celles de salep, de sagou, de tapioca, n'auraient rien que de très-agréable; mais comme le prix en est élevé, on leur substitue la fécule de pomme de terre, l'amidon, etc. Ce chocolat est plus nourrissant et plus analeptique que les précédens.

Préparation de la boisson de Chocolat.

Lorsqu'on veut composer avec le chocolat une boisson, soit au lait, soit à l'eau, on met dans une chocolatière une tasse ou vingt onces de chocolat. Avant de mettre le lait, on le fait dissoudre dans un peu d'eau. Quand le lait ou l'eau commence à bouillir, on y ajoute le chocolat râpé ou coupé grossièrement, et on remue ce mélange avec un moulinet ou moussoir. Quand le chocolat est fondu, et après quelques bouillons, on le retire du feu, et on le laisse reposer dans un endroit chaud, pendant un quart d'heure : une ébullition trop longue nuirait à la bonté de la boisson. Ensuite on fait agir le moussoir fortement dans les deux mains, en sens contraire, et on verse le chocolat dans des tasses lorsqu'il est bien mousseux. Pour cela, il faut qu'en proportion de la quantité de la liqueur, la masse dentelée du moussoir soit de telle hauteur que, sans toucher au fond de la chocolatière, dont elle ne doit être éloignée que d'un demi-pouce, elle ne laisse pas d'être entièrement noyée dans la liqueur, car si la partie supérieure en excédait la hauteur, la mousse ne se ferait qu'imparfaitement.

Leçon Sixième.

EAU.

EAU, s. f. *Aqua* des Latins ; ὕδωρ des Grecs. L'eau est un des corps le plus abondamment répandus dans la nature ; on la trouve à l'état de vapeur dans l'atmosphère, la quantité de cette vapeur varie suivant la température des lieux, etc., et c'est à l'aide de ces variations que l'on peut se rendre raison de la plupart des météores aqueux, tels que les brouillards, la rosée, la pluie, la neige et la grêle. Elle existe constamment à l'état solide sur le sommet des hautes montagnes et sous les pôles, constitue les glaciers que l'on voit dans les hautes régions du globe, et des blocs énormes que l'on remarque dans le sein des mers voisines du pôle ; elle est encore plus abondante à l'état liquide, puisqu'elle recouvre une assez grande partie de la surface de la terre. Tout en général, sur elle, éprouve les effets de ce liquide qui, tantôt bienfaisant, semble répandre, avec ses ondes, l'abondance, le bonheur et la vie ; qui, d'autres fois, au contraire, plus terrible et plus redoutable que la lave bitumineuse enflammée, roule avec ses flots furieux la rage, la désolation et le désespoir, cent fois plus cruel que la mort. « Nous serions trop heureux, a dit Macquart, si « les grands avantages que l'eau procure n'é- « taient pas contre - balancés par des inconvé- « niens. » (*Encycl. méth. méd.*) Dans tous les âges de la vie, chez tous les peuples, parmi les philosophes, et même les poètes, on a senti l'importance de l'eau. Les peuples domptés par la civilisation, sont devenus ses maîtres, ainsi que de tout ce qui constitue la nature. Celui qui, contre les lois de sa structure, semble être parvenu à planer dans les régions éthérées, et à s'élever aussi haut que l'aigle, souverain des airs, dont l'organisation diffère tant de la sienne ; l'homme, dis-je, a opposé à l'eau des digues, des murailles, pour prévenir ses débordemens dévastateurs ; il l'a dirigée dans de nouveaux canaux creusés par son industrie, pour qu'avec elle roulassent dans les champs la fertilité, la joie et la vie du cultivateur. Ici, appropriée à son utilité, plus loin elle

l'est à sa jouissance !.... L'homme, encore en-
fant de la nature, ignore tout, excepté l'usage de
l'eau et celui des alimens dont il se nourrit. Les
animaux n'ont pour guide que leur instinct ; lui
seul les conduit à faire usage de l'eau pour apai-
ser la soif. Un grand nombre d'eux en font leur
élément ; c'est dans son sein qu'ils trouvent le
bonheur ; c'est l'atmosphère sans laquelle ils ne
sauraient vivre. Le navigateur, par le moyen de
ce liquide, devient le messager des nations aux
nations éloignées ; il porte les produits nombreux
de l'industrie humaine sur ses machines ailées,
et avec lui, les sciences et les beaux-arts volent
d'un hémisphère à l'hémisphère opposé.

Nature de l'Eau.

Les anciens avaient considéré l'eau comme un
élément, comme un corps simple, parce qu'ils
la trouvaient répandue partout, et qu'elle faisait
une partie constituante de presque tous les corps.
Depuis les progrès de la chimie moderne, on sait
qu'elle n'est point un élément, un corps simple,
mais un composé. Cette importante découverte
constitue une des plus brillantes époques de la
chimie. Sans indiquer comment on est parvenu à
cette découverte, on sait aujourd'hui que l'eau
est formée de gaz oxigène et de gaz hydrogène,
dans certaines proportions, comme on le prouve
par la décomposition et la recomposition de l'eau.
Ces proportions sont 25 parties en poids d'oxigène et 15 parties en poids d'hydrogène.

Nous devons cette belle découverte au célèbre
Lavoisier, dont le nom sera immortel par les
progrès qu'il a fait faire à la chimie, surtout à la
chimie pneumatique.

Division méthodique des eaux.

Les eaux diffèrent entre elles suivant les lieux,
le climat, le pays, la nature du sol dont elles
sortent, et sur lequel elles coulent ou se trouvent
stagnantes; aussi a-t-on admis plusieurs divisions
des eaux.

Il est donc important de connaître les différentes espèces d'eaux qui sont à la surface de la
terre, et les circonstances particulières qu'elles
présentent. Pour procéder avec ordre, j'indiquerai d'abord les divisions méthodiques, que les savans de tous les âges sont convenus d'admettre;
ensuite je ferai le choix de celle qui me paraît la
plus convenable.

La plupart des auteurs ont divisé les eaux,
1° en pluviales; 2° en terrestres; 3° enfin, en
marines ou salées.

Monet, dans son *Hydrologie*, les a divisées en
quatre espèces; savoir, 1° en eaux douces, ou de
pluies, ou de neige; 2° en eaux minérales salées;
3° enfin en eaux de mer.

Carthauser a divisé les eaux en deux ordres,
1° en insipides ou douces; 2° en sapides ou minérales, qu'il a ensuite sous-divisées en genres.
(*Rudimenta Hydrologiæ systematica*, 1758.)

Walérius, dans sa *Minéralogie*, à la suite de

laquelle il traite de l'hydrologie, en fait deux classes, 1° en dures; 2° en minérales, qu'il a ensuite sous-divisées en ordres et en genres : il admet des eaux grossières, subtiles, etc. (*Table du règne aquatique*, pag. 278, tom. 2.)

Je n'ai pas cherché à entrer dans tous les détails de ces divisions, ni à en faire la critique ; cependant je ne les crois pas très-bonnes. La suivante me paraît la meilleure.

J'exposerai ici la division qui semble la plus naturelle qu'on puisse admettre entre les différentes eaux.

Première classe. — Eaux simples, communes, économiques, douces, divisées, 1° en célestes ou aériennes; 2° en terreuses. Les premières comprennent la neige, le givre, la grêle, la pluie, la rosée; les secondes sont divisées en coulantes et stagnantes; les coulantes se subdivisent en eaux de sources et de fontaines, en eaux de rivières et de fleuves ; les stagnantes seraient celles de marais, de tourbières, de lacs, de citernes, enfin de puits.

Deuxième classe. —Eaux salées, minérales, médicinales, composées. Je n'entre pas dans le détail des sous-divisions; dans cette seconde classe, se trouvent rangées, comme on voit, l'eau de mer et toutes les eaux minérales : je ne m'en occuperai pas. Dans cet article, je traiterai seulement des eaux de la première classe, qui fournissent à l'homme et aux animaux, ainsi qu'aux végétaux, le principe le plus essentiel à leur accroissement.

Je me borne ici seulement à indiquer ces eaux.

me réservant plus tard, dans un article particulier, d'en faire l'examen et le choix.

Ces eaux, sous le rapport de la santé, ont été divisées en plusieurs espèces, 1° en salubres ou potables ; 2° en insalubres ou malsaines ; 3° enfin, dures ou crues : ce qui dépend des substances qui se trouvent mêlées à l'eau. Je ferai connaître ces substances dans la suite.

Propriétés physiques de l'eau.

L'eau, dans son état de fluidité, est transparente, incolore, pesante, inodore, susceptible de raréfaction et de condensation, de se mettre au niveau comme tous les autres liquides, de réfracter la lumière ; elle est aussi insipide. Quoique les buveurs habituels d'eau lui attribuent une saveur particulière, elle est élastique et presque incompressible. Cette dernière propriété doit seulement nous fixer un instant ; je n'entrerai dans aucun détail pour les autres.

L'expérience faite à Florence prouve que l'eau n'est pas compressible, puisqu'elle s'échappe à travers les pores de la boule de métal sous forme de rosée, ce qui n'est pas encore bien prouvé. L'abbé Mongez, dans un mémoire inséré dans le *Journal de physique* du mois de janvier 1778, soutient que l'eau est compressible, puisqu'elle est élastique. Brisson paraît être du même sentiment, il dit : «Si l'on ne peut pas faire diminuer son volume de quantité sensible, on ne doit cependant pas la regarder comme absolument incompressible ; elle est élastique, puisqu'elle transmet les sons : or, tout corps élastique est nécessairement compressible. » (*Élémens medico-chimiques*, art. 336, pag. 336, deux. édit.)

L'eau, pour jouir de la plupart de ces propriétés, doit être assez pure.

Propriétés chimiques de l'eau.

Beaucoup de corps de la nature n'ont pas d'action sur l'eau, tels que l'azote, l'hydrogène, le diamant, le phosphore, le soufre, pendant que d'autres lui ont fait éprouver une altération plus ou moins sensible, et quelques-uns la décomposent.

La lumière. — L'eau n'éprouve point d'altération sensible de la part de la lumière; elle réfracte fortement.

Le calorique. — Il paraît n'avoir point d'action chimique sur l'eau, il n'en change point la nature; ce qui n'est vrai, à la rigueur, que pour l'eau distillée. C'est à lui que sont dus les trois états sous lesquels l'eau peut se présenter; il produit aussi les phénomènes de l'ébullition, de la distillation, de l'évaporation et de la vaporisation, phénomènes qui présentent quelques variétés, suivant la pureté de l'air et des substances qu'elle contient et de la pression de l'atmosphère. L'eau ne peut être chauffée dans un vase découvert à plus de 60 degrés du thermomètre de Réaumur.

L'air. — L'eau et l'air ont une attraction assez marquée l'un pour l'autre. Si l'on fait passer de l'air au travers de l'eau, elle en dissout une quantité d'autant plus grande qu'elle en était plus dépourvue. L'eau, à son tour, se dissout dans l'air en plus ou moins grande quantité, selon que ce dernier est plus ou moins sec, selon la pression de l'atmosphère, qui y contribue beaucoup, ainsi que les saisons.

Le gaz oxigène.—Ce gaz n'a point d'attraction bien sensible pour l'eau; cependant elle l'absorbe plus abondamment, plus facilement que le gaz azote.

Le fer, le zinc, et beaucoup d'autres métaux très-oxidables, ont la propriété de décomposition dans l'eau, et par là ils sont oxidés. Quelques auteurs avaient pensé que c'était peut-être l'air qui était combiné avec l'eau qui produit ce phénomène, et non l'eau elle-même; ce qui n'est pas, car l'oxidation s'opère dans l'eau distillée qui est privée d'air, et il y a décomposition de l'eau par l'action galvanique. L'eau à l'état de vapeur se combine avec beaucoup plus de facilité avec ces corps que dans tout autre état.

L'eau a une affinité plus ou moins marquée par certains corps; tels sont la potasse, le nitrate de chaux, le sulfate de soude, l'acide sulfurique, les cordes à boyaux, la baleine, les cornes, les cheveux: aussi s'en sert-on pour la construction des hygromètres.

L'eau a la propriété d'éteindre le feu, mais il faut qu'on en jette une assez grande quantité sur les matières enflammées, sans quoi elle ne ferait qu'augmenter la combustion, parce que l'eau se

décompose ; aussi voit-on les forgerons et les fon-
deurs jeter une petite quantité d'eau : par la
même raison, le bois vert produit un plus grand
degré de chaleur que le sec.

L'eau est le dissolvant d'un grand nombre de
corps, mais principalement des matières salines
qui s'y liquéfient en plus ou moins grande quantité et plus ou moins vite ; on dit alors que les
sels sont plus ou moins solubles, mais cette solu-
bilité varie suivant que l'eau est plus ou moins
chaude.

L'eau jouit aussi de la propriété de se charger
des parties odorantes, colorantes, mucilagi-
neuses, des substances végétales, ainsi que de la
gélatine, des substances animales, suivant que
l'on emploie la macération, la digestion, l'infusion et la décoction ; elles sont les principales propriétés chimiques de l'eau.

Caractère des eaux potables.

La dégustation est un moyen peu sûr pour reconnaître la bonté de l'eau. L'habitude d'en faire
usage et d'en respirer continuellement avec l'air
fait que ces impressions sur nos organes en dimi-
nuent ou en affaiblissent tellement les sensations
qu'il est difficile d'en juger sainement ; cependant
un buveur d'eau se trompe rarement.

Il est facile de reconnaître l'*eau potable* aux
caractères suivans, 1° d'être claire, limpide, peu
pesante, et de n'avoir aucun corps ni substance
qui en trouble la transparence ; 2° d'être sans
odeur, d'avoir une saveur fraîche, pénétrante et

agréable ; 5° de bouillir facilement sans se troubler, ni déposer des corps étrangers ; 4° de cuire les légumes, les herbes et les viandes, sans les durcir ; 5° d'échauffer, de se refroidir et de se geler promptement ; 6° de bien dissoudre le savon sans grumeaux, et de laver parfaitement le linge ; 7° de ne point gàter les dents, de passer facilement dans l'estomac, les intestins, et de favoriser la digestion, sans serrer ni relàcher le ventre ; 8° d'être aérée, de dégager aussi beaucoup de bulles d'air lorsqu'elle est vivement agitée dans une bouteille : ce caractère n'est pas sûr, il faut distiller l'eau dans la cuve hydrogyro-pneumatique ; 9° d'extraire avec facilité l'arôme, le goût et la saveur des végétaux, traités comme les boissons théiformes ; 10° de ne pas trop affaiblir la force du vin avec lequel on la mêle : ce caractère indiqué par certains auteurs, est faux, cela dépend de la qualité du vin ; 11° d'être chaude en hiver et froide en été ; caractère indiqué par Hippocrate, qui n'est vrai que pour l'eau de source et de fontaine ; 12° enfin, de contenir au plus deux à trois grains de sel terreux par pinte.

De toutes les espèces d'eaux, il n'y a guère que celles de quelques sources ou fontaines et de grandes rivières qui réunissent le plus grand nombre des caractères que je viens d'indiquer, comme je le dirai par la suite.

Les caractères de l'eau potable que je viens d'établir ne sont pas constamment ceux de l'eau pure. On entend par eau pure, chimiquement parlant, celle que l'on obtient par le moyen de la distillation, mais qui n'est pas pour cela potable; car quoique les eaux distillées soient très-propres aux opérations les plus délicates de la chimie, de la pharmacie et des arts, elles ne peuvent être employées sans danger à notre boisson. Elles sont fades, parce qu'elles ne contiennent pas un atome de muriate de sulfate ni d'air, qui leur sont absolument nécessaires pour leur donner cette saveur vive, fraîche et agréable qui constitue l'eau potable : celle-ci a pour effet de soutenir l'appétit, de faciliter la digestion et de faire éprouver un plaisir sensible à ceux qui en font usage ; au contraire, si ce même individu usait d'eau distillée, il éprouverait des effets tout opposés.

Ainsi, il ne faut pas croire que les mots d'eau potable et d'eau pure soient synonymes, quoique souvent on emploie indifféremment le mot pure pour potable.

Examen et choix des différentes espèces d'eaux.

Après avoir indiqué la division des eaux, les caractères qui les font connaître comme potables, il nous sera plus facile d'en faire l'examen et d'en fixer le choix; par là nous apprécierons mieux quelles sont les eaux qui sont plus ou moins potables.

En général, plus l'eau est chargée de substances étrangères, moins elle est potable. La bonté des eaux dépend aussi des pays où elles se trouvent, de la nature du lit sur lequel elles courent, et du mouvement qui leur est imprimé ; je suivrai, dans cet examen des eaux, l'ordre que j'ai admis dans la division des eaux.

1°. *Eau de neige.* — L'eau dans l'atmosphère se congèle et tombe sous forme de flocons blancs qu'on nomme neige.

L'eau de neige est privée d'air et d'acide carbonique, surtout lorsqu'elle est récemment fondue, ou si elle en contient, c'est dans des proportions extrêmement petites ; on y découvre aussi un peu d'azo te : elle contient un peu de muriate et de nitrate de chaux.

On doit être très-circonspect sur son usage ; on la soupçonne d'insalubrité, et peut-être est-ce à l'usage d'une telle eau que l'on peut attribuer les goîtres, les scrophules, qui sont si communs dans les gorges des Alpes, des Pyrénées et de la Suisse.

2°. *Du givre.* — Le givre est une vapeur aqueuse qui se condense facilement, s'attache aux arbres et aux poils des animaux quand il fait froid. Je n'ai rien de particulier à en dire.

3°. *De la grêle.* — La grêle n'est autre chose que des gouttes de pluies qui se sont gelées dans les régions froides de l'air, et qui tombent sur la terre avant d'être fondues.

Ses propriétés doivent être semblables à la glace ; on n'en use point comme boisson.

4°. *De la pluie.* — La pluie est un amas de gouttes d'eau plus ou moins fortes qui tombent sur la terre de temps à autre.

L'eau de pluie contient de l'air, de l'acide carbonique, du muriate et du nitrate de chaux, mais dans des quantités extrêmement petites.

Il faut recueillir celle qui tombe la dernière et loin des habitations, surtout dans une saison froide, et pendant un séjour tranquille.

Galien la préférait pour faire son hydromel, Hippocrate l'estime assez pure et la plus légère de toutes; on ne doit s'en servir pour boisson que dans le cas de nécessité. En parlant des eaux de citernes, j'indiquerai les précautions qu'il faut prendre avant d'en user.

5°. *De la rosée.* — L'eau qui est pompée dans la journée par l'action du soleil tombe aussitôt que celui-ci disparaît, et forme ce que l'on nomme rosée. Le moment où elle tombe le plus abondamment est celui qui succède au coucher du soleil. La transpiration de la terre et des plantes y entre pour quelque chose.

La rosée paraît contenir une grande quantité d'oxigène. On ne s'en sert pas pour boisson, ou très-rarement.

6°. *Des Eaux de sources et de fontaines.* —On peut comprendre sous ces deux noms tous les filtres d'eaux qui suivent çà et là les montagnes et dans les plaines. Je ne dirai rien touchant les opinions relatives à l'origine des fontaines; quant à leur cours, il peut être continu ou périodique.

Elles contiennent un peu de carbonate de chaux et de sels communs, de l'air atmosphérique, du gaz acide carbonique, un peu d'hydrochlorate de chaux, de sous-carbonate de soude, de sulfate de potasse et de silice.

La pureté de ces eaux dépend de la nature des terrains d'où elles filtrent. Elles sont très-potables quand elles coulent sur le sable.

Ces eaux sont en général regardées comme les plus potables. Ce sont celles qui fournissent la boisson des habitans des campagnes, privés de rivières. Ces eaux leur servent de boisson pour abreuver leurs bestiaux, arroser leurs jardins; en un mot, pour servir à tous les besoins.

7°. Des eaux de rivières et de fleuves. — Les eaux de rivières et de fleuves ne diffèrent de celles de sources et de fontaines qu'en ce qu'elles coulent sur la surface de la terre, tandis que celles de fontaines et de sources coulent et serpentent dans son intérieur; ce sont ces dernières qui forment les ruisseaux, les petites et grandes rivières et les fleuves, je les comprends toutes sous le même titre : ces eaux sont très-aérées, tiennent en dissolution du carbonate et du muriate de chaux, du carbonate et de la soude; elles sont quelquefois chargées de gaz hydrogène, surtout si elles appartiennent à de petites rivières dont le mouvement est lent.

Ces eaux, en général, sont les meilleures, ce qui est relatif aux circonstances suivantes : 1° d'avoir leurs sources dans les plus hautes montagnes; 2° d'avoir été filtrées à travers des rochers de granit qui ne leur ont rien communiqué de nuisible; 3° à cause de leur pente plus ou moins considérable, elles rencontrent des obstacles qui, par ce mouvement, les empêchent de fermenter; 4° d'être en contact avec l'atmosphère par de grandes surfaces, elles prennent et rendent alternativement de l'air ; 5° de couler sur des cailloux ou sur du sable et du gravier qui ne produit point de végétaux ; 6° d'être pénétrées par la lumière, dont l'action, quoique non démontrée, paraît y entrer pour quelque chose ; 7° suivant qu'elles rencontrent les eaux de pluies abondantes qui déterminent des inondations, qui charrient plus ou moins de limon, de fange ; 8° suivant que ces rivières ou fleuves rencontrent un plus ou moins grand nombre de petites rivières plus ou moins chargées de principes de corruption, et qu'elles peuvent atténuer et détruire ces principes dans l'immensité de leur masse et les rendre ainsi de nul effet.

Les médecins conseillent ces eaux pour boisson ; elles méritent cette préférence, parce qu'elles sont sinon les plus pures, au moins les plus exemptes de substances terreuses ou salines ; elles sont les plus savoureuses, les plus saines, les plus appropriées à notre estomac ; aussi l'eau de la Seine est généralement reconnue pour être de bonne qualité : elle est absolument de même nature au-dessous de Paris comme au-dessus. L'expérience a été faite par Parmentier. (*Journal de physique,* tome 5, page 161, février 1775.)

8°. *Eaux de marais et de tourbières.* — Si l'eau est stagnante, elle ne tarde pas à se troubler et à se corrompre ; aussi toutes ces eaux sont verdâtres, grisâtres, d'un goût de bourbe, d'une odeur marécageuse, et deviennent muqueuses.

Ces eaux contiennent beaucoup de plantes qui s'y pourrissent, ainsi que des substances animales, des nitrates de potasse et de chaux, du gaz hydrogène : elles sont peu aérées, plus ou moins fluides ; aussi les eaux de trous à tourbe sont sulfureuses, souvent chargées de sulfate de fer ; on en obtient par l'évaporation une matière extractive.

Les eaux de mares sont très-dangereuses à boire, causent des engorgemens, hydropisies, la dyssenterie, les fièvres quartes et putrides, les maladies épidémiques et épizootiques, surtout après les grandes chaleurs de l'été. Il faut donc les proscrire absolument des usages ordinaires de la vie.

Le père de la médecine dit que ces eaux sont les plus nuisibles de toutes.

9°. *Eaux de lacs.* — Les eaux de lacs semblent tenir le milieu entre les eaux stagnantes et celles de grandes rivières ; elles s'approchent même d'autant plus de ces dernières, que les lacs sont traversés par des fleuves ou une rivière, comme les lacs de Genève et de Constance. Dans le cas contraire, l'eau des lacs est moins limpide et plus pesante : souvent elle forme un dépôt spontané de sels terreux, souvent encore elle est colorée et d'une saveur désagréable ; elle contient presque toujours dans ce cas une matière extractive.

10°. *Eaux de citernes.* — Dans les pays où les sources sont rares, où les rivières sont éloignées, où les puits ne peuvent être creusés, on rassemble toutes les eaux de pluie dans un lieu plus ou moins vaste que l'on nomme citerne, sorte de souterrain fait de pierres et de cailloux liés avec un

bon ciment, qu'on remplit en partie de gros gravier et de sable. Là l'eau se dépouille du limon
qu'elle a charrié et des corps étrangers dont elle
a purgé l'atmosphère.

Les eaux de citernes contiennent à peu près les
mêmes principes que les eaux de pluie.

On ne doit pas les regarder comme bien salubres, quoiqu'on les estime comme d'assez bonne
qualité ; aussi conseillé-je de n'employer toutes
ces eaux que le plus rarement possible, et d'avoir
la précaution de les exposer et de les agiter à l'air
avant d'en faire usage.

11°. *Eaux de puits.* — Les puits sont des cavités creusées plus ou moins profondément dans
la terre, cavités qui se remplissent d'eau.

Les eaux de puits sont peu aérées, contiennent
une grande quantité de sels, des carbonates, des
nitrates, des muriates et des sulfates de chaux,
de magnésie, de potasse, de soude et de silice
quelquefois; aussi il n'est pas aisé d'en faire une
analyse exacte, surtout quand on veut la pousser
jusqu'à la connaissance de ces sels.

Les eaux de puits sont extrêmement variées; il
en est de bonne, de médiocre et de mauvaise qualité; c'est aussi parmi ces eaux que l'on trouve
celles qu'on nomme dures, crues. Ces qualités dépendent de la nature du sol sur lequel se trouvent
les puits, de sa communication soit avec une rivière, soit avec une autre source, soit avec les
fumiers et les fosses d'aisance; ces deux dernières doivent être considérées comme très-insa-
lubres.

En général, les eaux de puits ne doivent pas plus être employées pour la boisson de l'homme que pour celle des animaux, au moins sans avoir subi les préparations prescrites.

Résumé général des eaux.

En résumant toutes les espèces d'eaux que je viens d'examiner, il n'y a que les eaux de rivières et de fleuves et de quelques sources et fontaines que l'on peut regarder comme salubres et potables. Les eaux de pluie, de neige, de puits, ne sont pas très-bonnes, elles sont dures, crues ; enfin les eaux de mares sont les plus mauvaises, les plus nuisibles à la santé.

Moyens de purifier les eaux

Rien ne contribue plus à la conservation de la santé que l'usage de bonnes eaux, comme rien n'est plus capable de l'altérer que celles qui sont de mauvaise qualité ; mais malheureusement le choix de l'eau n'étant pas toujours en notre pouvoir, il est nécessaire de savoir ôter à ce fluide les substances qui altèrent ; car on ne se trouve pas toujours dans des circonstances favorables pour avoir de bonnes eaux : pour les rendre moins délétères, a-t-on cherché des moyens capables de détruire ces causes ?

A l'exception des eaux de roches ou de sources, les autres ne se présentent pas toujours avec la limpidité et la pureté que l'on désirerait. On emploie particulièrement ces moyens de purification pour les eaux de puits, les eaux stagnantes ; et dans le temps pluvieux, pour les eaux de rivières, qui charrient beaucoup de limon.

On a imaginé mille procédés pour débarrasser les eaux des substances étrangères ; mais ils doivent varier suivant les matières hétérogènes que contient l'eau. Voici les procédés les plus usités.

PREMIER PROCÉDÉ.

Epuration de l'eau par le repos.

Les eaux de rivières et de fleuves sont souvent troublées à la suite d'un orage, d'une grande crue d'eau ; alors elles charrient beaucoup de limon, ce qui produit une boisson désagréable et insalubre. Pour la rendre potable, il suffit de mettre cette eau dans des vases de grès, et de la laisser reposer jusqu'à ce que le limon soit précipité au fond du vase, puis on la décante.

DEUXIÈME PROCÉDÉ.

Epuration de l'eau par la simple ébullition.

Ce moyen convient encore pour les eaux de fleuves et de rivières quand elles sont très-limoneuses, ainsi que pour les eaux de puits, qui contiennent principalement des carbonates.

On n'a qu'à faire un peu bouillir l'eau dans un vase convenable, on écume l'eau : cela fait, on la laisse refroidir ; elle dépose les substances étrangères, et puis on la décante. Dans cet état, elle ne serait pas encore potable ; il faut avoir le soin de l'agiter à l'air libre.

TROISIÈME PROCÉDÉ.

Epuration de l'eau par les filtres.

Les filtres peuvent être comparés à un tamis très-fin et très-serré, à travers lequel les parties solides, quelque divisées qu'elles soient, ne peuvent passer, mais qui est perméable pour les fluides. Les filtres font en petit ce que la nature fait en grand dans l'intérieur de la terre pour les eaux de fontaines ou de sources.

On se sert à cet effet de papier joseph, d'étoffes de laine, de toile, de coton, d'éponges, de sable, de certaines pierres volcanisées, de charbon, etc. Telles sont les substances dont on se sert pour la filtration en pharmacie.

Mais dans les usages domestiques, où l'on ne s'attache seulement qu'à filtrer l'eau pour l'obtenir liquide, et séparer les substances hétérogènes qui l'altèrent, on se sert à cet effet seulement des trois moyens suivans : 1° de fontaines sablées; 2° de fontaines à pierre filtrante ; 3° enfin de fontaines d'une construction particulière qui ont été inventées par MM. Smith et Cuchet, qui ont obtenu un brevet d'invention et une médaille d'argent à l'exposition du Louvre, en l'an 9, dont le principal agent est le charbon.

Ces filtres se rapprochent du moyen très-précieux employé par Lowitz, dans une des guerres que les Russes soutinrent contre les Turcs. L'armée se trouva campée dans un lieu où les eaux n'é-

taient nullement potables. Il trouva que le charbon pouvait remplir ses vues ; et, par ce moyen ,
il parvint à fournir à toute l'armée une eau sa-
lubre.

Nous découvrons, par la même raison, le secret
que les charbonniers possèdent depuis un temps
immémorial pour se procurer, loin des sources
et des rivières, l'eau potable. Ils ramassent du
poussier de charbon, qu'ils jettent dans une de
ces petites mares qui ne sont pas rares dans les
bois, et bientôt ils peuvent y puiser de l'eau propre
à les désaltérer.

Passons maintenant à l'explication des phénomènes que présentent les filtres pour clarifier
l'eau, surtout pour ceux où entre la poudre de
charbon. Il est facile de saisir ces phénomènes en
admettant trois cas, dans lesquels l'eau peut se
trouver.

Dans le premier cas, le limon qui n'avait con-
tracté aucune union avec l'eau, s'est précipité, à
cause de sa pesanteur spécifique plus considérable que celle de l'eau ; il reste sur le filtre.

Dans le second cas, où l'eau contient avec le
limon des substances extrêmement divisées et légères, mais dont les molécules, quoique petites,
étaient cependant plus grossières que celles de
l'eau, elles restent aussi sur le filtre, quelle que soit
aussi leur nature, les sels exceptés, qui passent au
travers des filtres avec l'eau.

Dans le troisième cas, si l'eau est combinée
avec des substances grasses, le charbon ayant

avec celle-ci plus d'affinité qu'elle n'en avait pour l'eau, cela fait qu'elles sont retenues.

Ainsi l'eau trouble et corrompue versée sur ces nouveaux filtres, en sort, au bout de six à huit minutes, claire, limpide, sans goût, sans odeur, et sans être privée d'air ; ils sont tous les filtres les plus avantageux pour purifier. On doit louer le mérite et les efforts qu'ont faits les inventeurs que je viens de citer, ils ont droit à la reconnaissance publique. Ces filtres conviennent pour toutes les eaux.

Effets de l'eau sur l'économie animale.

Les diverses formes que l'eau est susceptible de prendre, depuis la consistance la plus solide jusqu'à la plus fluide, en fait varier les effets.

Dans l'état liquide, l'eau froide 1° flatte le palais, apaise la soif en humectant les organes salivaires et de la digestion ; 2° elle délaie les alimens, et par-là elle facilite le mélange avec les sucs gastriques. L'eau rend ainsi plus aisée l'action de l'estomac sur la masse alimentaire, en remontant les forces de cet organe ; et par suite tout le-système a un degré qui convient mieux pour cette opération de la nature que les liqueurs alcooliques ; 3° l'eau répare les forces liquides épuisées par toutes les voies d'évacuations ; 4° elle soutient l'appétit, et fait éprouver un plaisir sensible ; aussi les buveurs d'eau mangent-ils ordinairement beaucoup et digèrent-ils bien : 5° si les digestions sont laborieuses, l'eau perfectionne le travail qu'elle amène ; c'est par cette raison qu'on peut expliquer pourquoi certaines persounes boivent beaucoup d'eau après le repas pour favoriser la digestion. Par ce moyen, l'eau précipite les résidus de la digestion, débarrasse l'estomac, et tient le ventre libre; 6° elle sert à rafraîchir le corps en passant par les pores, et en se volatilisant par la transpiration qui exige du calorique; 7° elle a aussi pour effet de dissiper très-facilement les amertumes de la bouche, les dégoûts, les nausées, suites d'indigestion, les coliques bilieuses. Plusieurs verres d'eau dissipent très-facilement le hoquet.

L'eau très-froide ou à l'état de glace conservée dans la bouche, et fondue peu après par la température de cette cavité, étanche bien mieux la soif que l'eau à l'état liquide : car, en proportion de la grande différence de température, elle se porte plus lentement et sous un moindre volume dans l'estomac, et par ce moyen, elle n'a pas les inconvéniens dont je parlerai plus bas. L'eau dans cet état peut être considérée comme un très-bon tonique, aussi salutaire qu'agréable; c'est celui qu'emploient souvent les gens riches pour digérer leurs somptueux repas. L'eau dans cet état est très-utile dans les pays chauds, ainsi que dans les saisons brûlantes.

L'eau tiède relâche les viscères, elle excite les nausées, et peut, dans beaucoup de cas, remplacer les émétiques : l'eau chaude porte à la peau : aussi la regarde-t-on comme sudorifique.

L'usage de cette boisson, que la nature a distribuée aux besoins des hommes et des animaux,

convient en général à tous les âges et à toutes les
conditions, et dans tous les temps; cependant il
est des individus qui doivent principalement en
user ou s'en abstenir.

L'eau ne paraît convenir qu'à ceux qui sont sujets
à la goutte, aux maladies nerveuses, aux indi-
gestions et aux pertes de sommeil ; aussi les buveurs d'eau sont-ils moins sujets à ces affections
que ceux qui font usage du café, des liqueurs ;
l'eau convient aux tempéramens bilieux et pléthoriques, à ceux qui sont disposés à l'apoplexie ;
seule elle ne convient qu'aux estomacs faibles qui
engendrent beaucoup de glaires, aux personnes
qui sont d'un tempérament mou, flegmatique,
dont la peau est flasque; leur estomac a besoin
de stimulant.

Desbois de Rochefort s'exprime ainsi à cette occasion : « Il faut du vin et des liqueurs fermentées
à ces sujets-là ; il leur donne du ton, détruit les
viscosités des humeurs, s'oppose à l'enflure ordinaire à ces tempéramens, détruit aussi les engorgemens glaireux et visqueux, les catarrhes
humides, les urines glaireuses et pituiteuses, la
diarrhée, etc. L'eau augmenterait leur faiblesse
et leur mollesse, la pituite de leurs humeurs, et
amènerait l'hydropisie générale et particulière. »

Les femmes doivent, en général, faire usage de
l'eau; celles qui en boivent habituellement sont
moins exposées aux affections nerveuses, qui sont
si fréquentes dans les villes, sans doute à cause des
liqueurs qu'elles prennent et de la vie molle qu'elles
mènent, ce qui augmente leur sensibilité ; aussi

voit-on bien plus rarement les femmes de la campagne être affectées de ces maladies.

Les enfans doivent aussi faire usage de l'eau, seule ou avec un peu de vin ; leur développement se fait mieux que ceux à qui on donne du café, des liqueurs, qui les exposent souvent à une infinité de maux qui déterminent un développement trop prompt des facultés intellectuelles, aidées par l'éducation prématurée que l'on donne aujourd'hui aux enfans, pour vouloir leur faire remplir trop tôt un rôle dans la société ; ce qui fait que souvent ces enfans sont victimes de l'idolâtrie de leurs parens.

Dans la vieillesse, l'eau n'est point utile en général, quoique cet âge soit caractérisé par la tension et la rigidité de la fibre ; mais cette fibre, en même temps, manque de ressort et d'action ; il faut un stimulant plus efficace que l'eau, c'est le vin, que j'ai dit être le lait des vieillards. Cependant des vieillards qui, n'ayant point pris l'habitude du vin dans les autres âges, voudraient en prendre et s'en trouveraient incommodés, doivent revenir à l'usage de l'eau, qui alongera beaucoup leur carrière. Ainsi, l'état de société doit mettre des restrictions à l'usage de l'eau, quoiqu'elle soit originairement la boisson naturelle.

Je ne puis pas ici limiter la quantité d'eau qu'il convient de boire dans la journée, ni en indiquer les heures, dans les personnes qui sont en bonne santé ; sur ces objets, on doit plutôt s'en rapporter au sentiment, au désir que l'on éprouve de boire de l'eau, que de les conseiller impunément. Suivant les saisons et les régions, la quantité d'eau que l'on doit prendre doit être relative à la déperdition des liquides ; aussi remarque-t-on qu'en été nous buvons beaucoup plus qu'en hiver, de même les habitans du midi boivent plus que ceux du nord.

Leçon Septième.

EAU-DE-VIE.

1°. Distillation des cerises. — 2° Prunes. — 3° Pommes de terre. — 4° Betteraves. — 5° Grains. — 6° Vin. — 7° Marcs. — 8° Lies. — 9° Vin et bière gâtée. — 10° Drèches, houblon et marcs des bières. — Effets des liqueurs alcooliques sur l'économie animale.

Eau-de-vie, s. f., *aqua vitæ*, liquide spiritueux obtenu en distillant des liqueurs fermentées, telles que le vin, le cidre, etc. : il ne doit marquer que de 18 à 22° à l'aréomètre ; l'eau-de-vie est formée d'alcool, de beaucoup d'eau, d'une huile volatile qui diffère selon le végétal dont le suc, soumis à la fermentation, a fourni la liqueur alcoolique. On désigne plus particulièrement sous le nom d'eau-de-vie le produit de la distillation du vin ; l'eau-de-vie de cidre et poiré, de grains et de pommes de terre, n'est autre chose que la liqueur spiritueuse obtenue par la distillation de ces matières ; l'eau-de-vie de cerises porte le nom de kirsch-wasser ; celle de canne est appelée rhum, tandis que l'eau désigne seule le nom de rack, celle que fournit le riz. Je ne m'occuperai point ici de la distillation de ces deux dernières matières ; la distillation des cerises, des prunes, des pommes de terre, des betteraves, des grains, du vin, etc., doivent seulement m'occuper ici, et je vais en parler dans le même ordre que je viens d'établir dans leur énumération.

1°. *Distillation des cerises.* — Lorsque les cerises sont parvenues à leur parfaite maturité, on les cueille sans les queues, on les met dans des tonneaux défoncés d'un côté, puis on les écrase avec des pilons ou dames de bois, et l'on a soin de couvrir ces tonneaux pour empêcher l'évaporation du gaz acide carbonique. Il faut qu'ils soient placés dans un endroit dont la température ne surpasse pas 10 à 12 degrés du thermomètre de Réaumur, pour que la fermentation ne devienne pas trop tumultueuse.

Dès que la fermentation commence, on enfonce deux à trois fois par jour le marc qui s'élève. La cessation du mouvement indiquant que la fermentation vineuse est achevée, il faut alors procéder à la distillation : on met alors dans l'alambic autant de matières qu'il en faut pour le remplir, de 108 à 135 millimètres près, et même moins quand la quantité n'est pas suffisante.

Si la substance est trop sèche, elle demande un peu d'eau pour ne pas brûler : on donne ensuite le feu. En général, cette distillation est très-délicate ; il faut un feu doux, égal, et comme étouffé. Dès que le bouillon paraît, la liqueur commence à couler par gouttes, et ensuite par filets aussi minces qu'un brin de paille ; si l'écoulement est plus fort, c'est une preuve qu'il y a trop de feu

5

dans le fourneau ; la liqueur en prend un goût de brûlé qu'il est impossible de bien enlever, et que prendraient les autres qu'on mêlerait avec elle.

Le temps de la distillation dure pour l'ordinaire 24 heures ; on la termine quelquefois en 15 et 20, mais c'est toujours au détriment de la liqueur.

Deux hectolitres de matières peuvent rendre 48 litres d'eau-de-vie grossière qu'il faut repasser à l'alambic. Quant aux cerises, on met ordinairement moitié de ce produit dans les deux nouveaux hectolitres de cerises que l'on veut distiller : lorsque dans ce travail la liqueur coule, on découvre sa force par l'aréomètre.

On connaît assez la théorie de ces instrumens ; on sait que celui dont on se sert pour les spiritueux diffère de tous, en ce que sa descente naturelle dans la liqueur est en raison directe de la force de celle-ci, au lieu que la descente des autres dans les autres fluides pour lesquels ils sont faits est en raison inverse de la force de ces derniers. Cela posé, plus l'aréomètre s'abaisse dans les eaux-de-vie, plus il indique qu'elles sont fortes ; et plus il s'élève, plus il indique qu'elles sont faibles. Si cet instrument, suspendu dans les liqueurs dont je traite, marque à l'échelle de gradation collée intérieurement au tube 18 à 20 degrés, elles sont comme il convient.

Beaucoup de distillateurs, qui ne suivent que leur routine, ne se servent point d'aréomètre ; ils se contentent de remuer dans un vase une portion de la liqueur ; si elle fait et tient ce qu'ils appellent preuve, c'est-à-dire, si par cette agitation

quantité de bulles d'air s'élèvent vers la surface
et y restent quelques instans, ils la reconnaissent
pour être bonne.

L'instrument s'enfonce d'abord dans la première eau-de-vie que donne le deuxième produit
par-delà le vingtième degré ; mais en le laissant
se mêler à celle qu'il suit, leurs forces respectives
se mettent en équilibre. Il en résulte que le pèse-
liqueur remonte sensiblement à ce degré.

En général, toutes les liqueurs grossières dont
il sera question ici, qui dans le cours des distillations n'atteignent pas ce degré, doivent être distillées de nouveau, soit en quantités pareilles,
dans de nouvelles distillations de mêmes substances, soit sans additions de ces mêmes substances.

Je reviens : deux hectolitres de cerises ont pu
rendre, comme je l'ai dit, un premier produit de
48 litres de liqueur parfaite, dont la moitié a dû
être mêlée à deux autres hectolitres de cerises. Ce
produit, dans cette seconde distillation, donne à
peu près 25 litres d'eau-de-vie parfaite.

L'emportement se fait dans des cruchons de
grès ou dans des bouteilles. Il est de ces derniers
à large ventre qui contiennent 60 litres. Les fu-
tailles sont préjudiciables au goût du kirsch-
wasser, et surtout à la couleur qui doit être
blanche et claire comme le cristal.

2°. *Prunes.* — Même travail. On peut cependant faire un feu moins doux, et laisser la liqueur
découler avec moins de lenteur.

Deux hectolitres de matières rendent à la première distillation 50 litres de liqueur parfaite ;

deux nouveaux hectolitres de prunes, auxquelles
on aura mêlé 15 à 20 litres de ce premier produit,
donneront 30 litres à peu près de bonne eau-de-vie.

5°. *Pommes de terre.* Il faut à cette distillation, de plus qu'aux autres, une chaudière ordinaire pour cuire ces substances, et un moulin à
bras ou une caisse pour les broyer. Cette caisse ,
ou espèce de coffre, faite de bois épais, est creuse
et carrée ; son fond n'est formé que de quatre à
cinq barres de fer, distantes de quatre à six millimètres les unes des autres. C'est sur ces barres
que l'on écrase avec un pilon les pommes de terre
qui, au fur et à mesure qu'elles passent par leurs
vides , tombent dans un vaisseau sur lequel la
cruche est posée.

Si à l'avantage d'être farineuses elles réunissent
celui d'être sèches après leur cuisson, la quantité de l'eau-de-vie augmente. On les transporte
ensuite dans les tonneaux de fermentation qui
sont debout sur des chantiers, et découverts dans
la partie supérieure. Ils doivent avoir 450 litres
de capacité pour l'amalgame ci-après détaillé.
On y verse un hectolitre de matière auquel on
joint 8 à 11 litres d'orge ou de seigle broyé, et
24 d'eau froide. Ce grain , ou la drèche des brasseurs qui le remplace avantageusement, est indispensable pour opérer la fermentation convenable ;
autrement elle serait si faible que les produits ne
couvriraient pas les frais.

On met donc cet amalgame en le remuant bien ;
on y ajoute 50 litres d'eau bouillante ; on agite de
même deux heures après ; on finit de remplir les

vaisseaux avec une suffisante quantité d'eau froide, ce qui porte le tout à 4 hectolitres au moins ; on agite encore cette masse qu'on abandonne ensuite à elle-même, jusqu'à ce qu'elle soit assez refroidie : si elle l'est déjà convenablement par cette addition d'eau, on peut sur-le-champ lui donner la levûre : cette levûre est celle de la bière. On met 1 litre avec 4 litres de la liqueur tirée du tonneau ; il faut un quart-d'heure environ pour que ce mélange monte ; s'il tarde davantage, on recommence l'opération avec un nouveau levain ; quand les effets de ce dernier se manifestent dans l'espace de temps que je viens d'indiquer, on verse ce nouveau mélange dans le tonneau que l'on a soin ensuite de couvrir.

La fermentation s'établit ; elle dure 48 heures. On laisse encore, après qu'elle est terminée, reposer la matière 48 heures environ. On peut retarder plus long-temps la distillation, il y aura plus de liqueur ; mais un commencement de corruption fait pour l'ordinaire contracter à celle-ci un goût que l'on doit avoir grand soin de prévenir ; du reste, l'ouvrage et les précautions qu'il demande sont ceux des précédentes fabrications.

De ces 4 hectolitres, on n'en met que 2 d'abord à l'alambic ; cette quantité produit 50 litres de liqueur imparfaite, laquelle remise en distillation avec les 2 autres hectolitres, donne 5 litres à peu près de bonne eau-de-vie.

4°. *Betteraves.*— Mêmes ustensiles, même travail, mêmes observations, mêmes produits et même qualité que ci-dessus.

5°. *Grains.* — On les broie d'abord, on en met ensuite 40 litres dans un tonneau de 100, on leur donne une trempe avec 20 litres d'eau tiède, et une autre avec 70 litres de bouillante. La drèche absorbe toute l'eau de la première ; on la laisse ensuite pendant 50 à 60 minutes, ensuite on leur donne la seconde ; on agite le tout ; deux heures après, on y verse 70 litres d'eau froide ; on agite encore aussi long-temps qu'on y sent de la chaleur ; on lui donne ensuite la levûre. Cette dernière se prépare ainsi : on met un quart de litre dans 4 de liqueur ; après avoir remué ce liquide, on le laisse en repos une demi-heure ; s'il ne porte pas dans cet intervalle, il est certain que la levûre ne vaut rien, il faut recommencer l'opération ; si dans celle - ci le contraire arrive, on verse le mélange dans le tonneau que l'on couvre après avoir bien remué la masse qu'il contient.

Les choses restent ainsi huit à dix heures, temps nécessaire à la fermentation pour s'achever ; on pourrait les laisser encore cinquante heures après, mais on ne peut guère différer davantage à employer ces substances sans leur faire courir le risque d'un commencement de putréfaction.

Enfin, on passe à l'alambic le tout, qui peut se monter à 2 hectolitres ; du reste , mêmes observations relativement aux soins que l'on doit donner à cette opération.

Ce produit donne 50 litres de liqueur imparfaite, qu'on met ordinairement en réserve pour en distiller de nouveau 2 hectolitres à la fois ; cette dernière quantité rend 4 litres de bonne liqueur.

6°. *Vin.* — Même travail ; on peut cependant, comme dans la distillation des prunes, pousser un peu plus le feu, ainsi que l'écoulement.

Deux hectolitres de vin donnent 70 litres de produit imparfait, et celui-ci 25 de bonne eau-de-vie.

7°. *Marcs.*—Au sortir du pressoir, on les entasse dans un grand tonneau auquel on a enlevé à cet effet un de ses fonds ; lorsque ce tonneau est plein, on le ferme et on le lute tout alentour avec de la terre grasse, et on laisse ainsi ces marcs trois mois à peu près, ensuite on les emploie. Quand l'alambic en est presque rempli, on y verse de l'eau froide, jusqu'à ce qu'elle surnage pour les empêcher de brûler; du reste, même méthode que celle ci-dessus.

On retire avec une espèce de fourche, après le travail, les matières par l'ouverture supérieure de l'alambic.

Deux hectolitres de marcs donnent un premier résultat de 48 à 50 litres ; 2 hectolitres de ce nouveau produit peuvent rendre 32 litres de bonne liqueur.

8°. *Lies.* — On ne soumet guère à la distillation les lies que six mois après le soutirage des vins dont elles proviennent; on les laisse fermenter dans des tonneaux; on les délaie ensuite avec un peu de vin avant de s'en servir.

Le premier résultat n'est pas fixe : 2 hectolitres

de lie donnent, selon sa qualité, 30 ou 40 litres de
produit imparfait; ils en donnent même moitié
si on les délaie avec de l'eau au lieu de vin.

En mettant moitié de ce produit dans 2 hectolitres de nouvelle lie, on peut retirer de cette
distillation 18 à 20 litres de liqueur parfaite.

9°. *Vin et bière gâtés.* — On opère absolument comme dans la distillation vineuse; 2 hectolitres peuvent donner 30 litres de résultat
grossier; quand on a assez réservé de celui-ci
pour remplir de nouveau la lie, le dernier produit du vin gâté, peut donner 40 à 50 littres de
bonne eau-de-vie, et celui de la bière aigre, 25.

10°. *Drèches, houblon et marcs de bière.* —
On met ces résidus fermenter dans un tonneau
pendant dix ou douze jours; leur distillation est
la même; les remarques particulières faites à
l'article des prunes, du vin et des marcs de raisin,
lui sont applicables.

*Effets des liqueurs alcooliques sur l'économie
animale.*

L'estomac est sans contredit l'organe qui
éprouve la plus profonde impression des liqueurs
dont je viens d'indiquer les procédés de fabrication; sa membrane muqueuse, en contact immédiat avec elles, en reçoit une influence directe;
elle détermine une excitation tonique, prompte,
peu durable; quand elles sont prises en petite
quantité et qu'on n'a pas l'habitude d'en boire
souvent, les fonctions de l'estomac n'en sont pas
troublées, la sécrétion du suc gastrique peut

être augmentée par ce stimulant ; une légère chaleur se fait sentir dans la région épigastrique. Ce sentiment, plus marqué dans le pharynx et l'œsophage, paraît être non-seulement au passage du liquide, mais encore de l'alcool, qui reflue vers le pharynx et va en frapper les parois.

L'impression de la liqueur prise en petite quantité se propage dans le tube intestinal d'une manière moins forte et presque imperceptible sur le restant du système muqueux ; mais si la dose est augmentée, voici ce qui se passe : la contractilité musculaire de l'estomac est fortement excitée, souvent même portée jusqu'au spasme ; l'humeur muqueuse, sécrétée en moins grande quantité, s'épaissit ; le désir des alimens est moins vif, soit que la nature se trouve changée ; un sentiment de chaleur, surtout très-prononcé dans la région épigastrique et l'œsophage, se répand dans toute l'économie ; le sang se raréfie, le pouls est développé et tendu ; la respiration est précipitée, mais assez libre ; l'air expiré plus chaud, la chaleur de la peau augmentée ; la soif est assez vive, la bouche est sèche et pâteuse.

Les liqueurs alcooliques, prises à forte dose, ne bornent pas leur action aux membranes muqueuses de l'estomac et des intestins ; les autres parties en reçoivent aussi une influence notable : il suffit, pour s'en convaincre, de remarquer que le mucus nasal est épaissi, que l'humeur lubrifiante de la conjonctive éprouve les mêmes changemens, et que celle des bronches devient plus courante. Si la dose des liqueurs est portée encore plus loin, alors naît l'état d'ivresse. Il n'est pas de mon sujet de parler de cet état; je ferai remarquer seulement que l'ivresse qui est produite par les liqueurs alcooliques est beaucoup plus dangereuse que celle quil'est par les liqueurs fermentées.

Leçon Huitième.

HYDROMEL.

—

Hydromel, s. m., *hydromeli, aqua mulsa, meliceratum;* on en connaît deux sortes, l'hydromel simple et l'hydromel vineux.

L'hydromel simple se fait avec de l'eau et du miel qui ne fermentent pas ensemble, et dont on fait usage tout de suite.

Quant à l'hydromel vineux, qui est une liqueur légèrement spiritueuse, on l'obtient de la manière suivante : on mêle une portion de miel première qualité avec trois parties d'eau bien pure ; on place ce mélange sur le feu, et on le fait bouillir doucement, jusqu'à ce qu'il ait assez de consistance pour qu'un œuf frais surnage. Alors on le tire du feu ; on a l'attention de bien écumer pendant la cuisson ; et si le miel n'était pas fondu quand on mettra ce mélange sur le feu, on remuera pour l'empêcher de prendre un goût de brûlé ; on verse ensuite la liqueur bouillante dans un baril ; ce baril bien plein ne doit contenir que les deux tiers de la liqueur que l'on a faite ; le surplus se met en bouteilles.

Le baril doit avoir été bien lavé dans de l'eau bouillante, ou même lessivé; si on veut aromatiser l'hydromel, on y jette, avant de le remplir de la liqueur, du vieux vin, du jus de framboise, de la fleur d'oranger, des clous de girofle, ou telle autre matière dont on veut lui donner l'odeur ou le goût.

Quand le baril est plein, on le place dans un lieu qui a une chaleur constante de vingt à vingt-cinq degrés, nécessaire pour établir la fermentation ; on couvre la bonde d'un tuileau.

La liqueur commence à fermenter le sixième jour, et continue environ six semaines ou deux mois; elle jette beaucoup d'écume. On remplit le baril à mesure que la liqueur diminue; quand la fermentation est arrêtée, on bonde le baril, ou le met dans un lieu plus froid pour achever de faire perdre à l'hydromel sa douceur mielleuse, et on le remplit de temps en temps.

Quand la liqueur est au point où on la désire, ce qui dépend de la température des lieux, on la met en bouteilles, qu'on laisse debout pendant un mois et qu'on couche ensuite; on les visite de temps à autre pendant les deux premiers mois, pour voir si quelques bouchons n'ont pas sauté.

Ces soins sont également utiles pour faire fermenter l'hydromel dont j'ai parlé plus haut.

Les anciens nous ont laissé divers procédés pour fabriquer l'hydromel ; on peut consulter à ce sujet le douzième livre de Columella.

On attribue l'invention de cette boisson à

Aristie, roi des Arcandes et fils du Soleil. (Pline, livre xiv, chap. iv.) L'hydromel vineux était très-recherché parmi les anciens Egyptiens; aujourd'hui les Polonais et les Russes en font un grand usage; en Pologne , l'hydromel est la boisson par excellence des bourgeois; cette liqueur n'est pas déplacée dans leurs festins. Le peuple, qui boit ordinairement de la bière, se régale avec de l'hydromel dans les jours de réjouissance, mais les grands n'en font pas autant d'usage.

L'hydromel des Polonais est rouge comme le vin de Bourgogne; ils l'appellent miedou , et le peuple va en boire dans les kerczema, espèces de tavernes tenues par les Juifs.

En Russie, au contraire, cette boisson qu'on appelle miolé se prépare seulement pour l'usage des grands, qui en boivent en guise de bière. Dans le pays, on ajoute trois livres de houblon sur cent livres de liquide, et une poignée de cannelle renfermée dans un souchet. Après la cuisson, on laisse refroidir l'hydromel pendant vingt-quatre heures, et on le met dans des bouteilles qu'on a soin de placer dans une cave à glace. Cette liqueur a toujours un goût douceâtre, parce qu'elle ne fermente pas dans les bouteilles; elle a la couleur du vin blanc, et pétilie comme le vin de Champagne.

Leçon Neuvième.

LIMONADE.

———

Limonade, s. f. On désigne sous ce nom une boisson préparée avec le fruit du citronnier, *citrus medica*, Lin., dont une variété, appelée limon (*citrus limonium*, L.), sert principalement à cet usage. Ce bel arbre épineux, qui croît abondamment dans l'Orient, a produit plusieurs variétés dont les fruits acides ont servi de tous temps à composer des boissons très-employées; mais toutes ces variétés ne donnent point un fruit propre à faire de la limonade : le bigaradier, par exemple, est très-aigre et trop amer pour servir à cet usage. Le cédrat, le balotin et autres variétés du fruit du citronnier, n'y sont pas propres non plus; on leur préfère celle désignée sous le nom de lime douce (*citrus medica varietas limum*, L.), que nous nommons chez nous citron, parce que nous ne voyons guère à Paris que cette variété.

Mode de Préparation.

Pour préparer la limonade il y a des précautions à prendre; si on veut la faire agréable à boire, il faut d'abord choisir les citrons bien juteux, bien frais et fléchissant bien sous les doigts, d'une écorce mince aromatique. Le grand point, c'est d'empêcher le suc du citron de se mêler avec le parenchyme blanc, situé entre l'écorce et le fruit proprement dit, et qui entoure ce dernier en forme de couche; car il lui communique une amertume désagréable, et trouble la transparence de la boisson en s'y suspendant. Pour préparer donc convenablement la limonade, il faut, après avoir levé l'écorce du citron, en ôter exactement le parenchyme blanc qui l'entoure; de cette manière on aura le suc de citron dans l'état de pureté. Ordinairement on se contente de fendre le citron et d'en exprimer le jus; mais, outre qu'on retire moins par le procédé que j'indique, il entraîne toujours avec lui une portion de ce parenchyme qui lui donne déjà de l'amertume et trouble sa transparence.

On obtient le suc du citron de plusieurs manières : on se contente le plus souvent de presser fortement le fruit dans ses mains; je viens de dire les inconvéniens de ce procédé. D'autres fois, on divise et on écrase le fruit dans l'eau avec les doigts; mais si on a de cette manière tout le suc du citron, on a aussi le tissu cellulaire du fruit et du parenchyme, ce qui donne de l'amertume à la boisson et en trouble la limpidité. On se sert actuellement d'une petite presse qu'on appelle presse à l'italienne, qu'on vend chez les tabletiers à Paris, qui est composée de deux morceaux de bois assujettis par une charnière à une extrémité formant la poignée de l'autre, et dont l'une

est creusée dans le milieu, tandis que l'autre
bombe à l'endroit correspondant. On place la
moitié du citron dans la cavité et on la presse ;
le suc d u citron s'écoule par une petite rigole pratiquée sur un des points de la cavité : on trempe
son citron dans l'eau pour le soumettre à une nouvelle pression, afin d'obtenir tout le suc du citron.
Par ce procédé, on a le jus aussi pur que possible.
En général, on soumet tout uniment les citrons à
une forte presse. On possède encore une autre
machine propre à extraire le suc des citrons : c'est
une espèce de sphère en buis marquée de rugo-
sités très-prononcées à la surface et supportée par
un manche court ; on coupe le citron en deux et
on presse vivement sur une des moitiés en tournant beaucoup la machine, ce qui désorganise le
citron. On rompt les cellules et on donne issue au
suc ; mais il s'écoule avec des débris de ces cellules, et souvent un peu de parenchyme. Si on vou-
lait avoir le suc le plus pur possible, il faudrait
après son extraction le filtrer à travers un papier
Joseph ; on pourrait alors le conserver dans des
bouteilles bien fermées et à la cave pour s'en servir lorsqu'on en aura besoin. Cette précaution est
nécessaire à la campagne ; on ne peut pas toujours
se procurer le fruit du citronnier. Enfin il y a des
personnes qui extraient le suc du citronnier en
coupant ce fruit par tranches. Ce procédé est le
plus mauvais de tous, car on n'obtient presque
pas de suc et on a toute l'amertume du parenchyme.

Lorsqu'on a extrait le suc du citron, il ne s'a-

git plus que de le mélanger à l'eau dans de certaines proportions avec du sucre pour faire la limonade.

Le suc d'un fort citron, bien plein et bien juteux, peut suffire pour une pinte d'eau ; si les citrons sont maigres, il en faut deux et même trois.
En poids il faut deux à trois gros de suc pour une
pinte d'eau ; quant au sucre, il faut deux onces de
sucre pour une pinte de limonade.

On a donné, par extension, le nom de limonade à toutes les boissons faites avec des fruits ou
des substances acides ; ainsi chez nous les boissons faites avec les fruits du groseillier, de la ce-
rise girotte, etc., sont appelées des limonades de
groseilles, de cerises, etc. Ces boissons remplacent très-bien effectivement la limonade au
citron, et ont d'ailleurs avec cette dernière des
principes chimiques presque semblables ; ce qui
explique l'analogie de leurs vertus. Elles peuvent
suppléer la limonade au citron dans les saisons
où les fruits rouges paraissent, et ménager celui-
ci pour l'hiver, d'autant qu'il est parfois cher dans
nos climats du nord.

Les limonades sont des boissons extrêmement
employées ; leur saveur acide et sucrée les rend
effectivement agréables à boire, et les malades,
comme les gens bien portans, en font une grande
consommation. La limonade au citron est très-
usitée comme boisson d'agrément dans les pays
chauds et dans la saison chaude, dans des climats
froids ; on en consomme beaucoup dans les cafés,
chez les glaciers, etc. On la tient frappée de glace

5.

pour qu'elle apaise davantage la soif. Si elle est
excitée par un haut degré de température, elle
calme véritablement mieux que toute autre boisson.

Leçon Dixième.

RATAFIA.

Ratafia des quatre fruits. — Autre méthode. — Ratafia de cacis. — Ratafia de la bonne ménagère. — Ratafia de genièvc. — Ratafia de fleur d'oranger. — Ratafia d'angélique. — Ratafia d'oranger, citron, cédrat, bergamote. — Scubac. — Ratafia de noyaux. — Anisette de Bordeaux. — — Ratafia d'anis. — Ratafia de café. — Ratafia des sept graines. — Vespétro. — Ratafia de coing. — Ratafia de brou-de-noix. — Ratafia provençal. — Mexico. — Crême de créol. — Cédrat façon des îles. — Observation. — Eau divine. — Eau des bardes. — Liqueur de Menthe, dite des chasseurs. — Eau-de-vie de Dantzick. — Anisette de Hollande. — Garus. — Coloriation des liqueurs en jaune, en bleu et en vert. — Teinture d'indigo. — Couleur verte.

RATAFIA, s. m. On donne ce nom à une liqueur composée d'eau-de-vie, de sucre et de substances aromatiques ou de fruits.

Les ratafias diffèrent des liqueurs, en ce que ces dernières sont distillées, tandis que les ratafias se font par infusion.

Presque tous les ratafias se préparent de la même manière; mais comme la nature des substances employées et leurs proportions varient, je vais en rapporter un certain nombre de formules.

Ratafia des quatre fruits.

Prenez cerises, cent livres; merises, trente livres; fraises et framboises, de chaque vingt-cinq livres.

On écrase ces fruits, on les mélange, on les laisse pendant vingt-quatre heures en macération jusqu'à ce que le jus soit très-rouge; ensuite on passe au tamis de crin et l'on exprime le marc.

On aromatise avec le girofle, la cannelle, la coriandre et la vanille, dans les proportions d'une once de ces aromates pour vingt-cinq pintes.

On laisse le tout en digestion pendant deux mois, ensuite on tire la liqueur au clair et l'on filtre.

Autre Méthode.

M. Cadet-de-Vaux a publié une formule plus économique. « Prenez, dit-il, cerises, six livres; groseilles, merises et framboises, de chaque une livre; ôtez la queue de vos fruits; écrasez les cerises à la main, ainsi que les merises; séparez-en le noyau; concassez-les dans un mortier; n'écrasez point les groseilles; mettez ces trois fruits dans une bassine de fer, à un feu doux pendant un quart d'heure, et terminez par un bouillon couvert; retirez du feu et videz dans une terrine de grès; six ou huit heures après, remettez-les sur le feu, pour retirer une seconde fois; enfin, après le même intervalle, faites encore cuire vos fruits de la même manière. Alors plongez vos framboises dans le bouillon couvert, et videz le tout encore chaud dans une cruche où vous verserez trois pintes d'eau-de-vie à laquelle vous aurez ajouté de l'œillet rouge à ratafia deux fortes poignées. Cet œillet a l'odeur de girofle; à son défaut, on mettra de douze à seize clous de girofle mis en poudre, avec un peu de sucre, ou enfin de l'iris de Florence dans ce ratafia. On n'ajoute point d'eau, celle des fruits en tient lieu; il n'est besoin de sucre que celui qui résulte de cette itérative coction des fruits que la chaleur développe. La matière sucrée se concentre par l'évaporation : sans cette coction, il faudrait ajouter une demi-livre de sucre par pinte dans de l'eau-de-vie.

On laisse infuser au soleil, pendant un mois ou six semaines, ce ratafia de fruit dans une cruche de grès, en ayant bien l'attention de luter le bouchon avec du papier collé ; on peut le laisser ainsi passer l'hiver; le ratafia fini, on l'exprime fortement ; on filtre et on le met en bouteille.

Ratafia de cassis.

Prenez cerises communes, deux livres ; groseilles, une livre ; framboises, une livre ; cassis, deux livres ; le tout épluché : cassonnade, trois livres ; eau-de-vie, quatre pintes.

Mettez, les cerises et les groseilles écrasées à la main et les noyaux de cerises concassés avec la cassonnade, bouillir pendant un quart d'heure : jettez le cassis entier dans cette compote avec les framboises ; remuez avec l'écumoire pour bien mêler la totalité des fruits ; au bout de cinq minutes, retirez la poële du feu et versez le tout dans une cruche. L'espèce d'arôme qui conviendra le plus est la girofle, la cannelle, etc. , mise en poudre.

Laissez infuser pendant un ou deux mois; passez,

exprimez le marc à la main et passez sur ce marc, pour enlever ce qu'il contient encore de sucre et d'eau-de-vie, une pinte de bon vin rouge : broyez de nouveau, pour mêler ce vin à la liqueur déjà passée, et vous filtrez à la chausse.

Ratafia de la bonne Ménagère.

A l'époque des fruits, on prépare une cruche de grès de dix à douze pintes, ayant son couvercle de liége ; on y mettra deux ou trois pintes de bonne eau-de-vie. Cette cruche sera destinée à recevoir successivement le marc des confitures de groseilles, les égouttures d'écume du sucre qu'on clarifie, les restes de compote de fruits, fraises, framboises, cerises, et surtout une portion de leur jus ; abricots, pêches, prunes de reine-claude ou mirabelle parvenues à trop de maturité, etc. On augmentera l'eau-de-vie dans la proportion de ce qu'on ajoute, de manière qu'elle fasse moitié du tout. On y aura mis quelques poignées d'œillet à ratafia ou de la cannelle, du girofle en poudre. A la fin de l'automne, on exprime le tout et l'on passe à la chausse. On a par ce moyen un excellent ratafia, doux, salutaire et très-économique.

Ratafia de genièvre.

Concassez dix livres de graine de genièvre ; on y ajoute vingt zestes de citron et cinq livres de sucre : on met le tout infuser pendant deux jours dans dix litres d'eau-de-vie à dix-huit degrés ; on remue souvent l'infusion ; on passe avec expression, et on filtre la liqueur : la graine de genièvre doit être verte. Ce ratafia est stomachique, céphalique, cordial, propre à aider la digestion.

Ratafia de fleur d'oranger.

Mettez infuser pendant huit jours seulement huit onces de fleur d'oranger séparée de son calice dans une pinte d'eau-de-vie; ajoutez-y six onces de sucre, et filtrez. Pour que cette liqueur ne soit pas blanche, mêlez-y une cuillerée de lait au moment de la filtrer.

Ratafia d'angélique.

Pour quatre onces de tiges d'angélique récente que vous coupez en petits morceaux, un gros de semence d'angélique que vous concassez, quatre onces d'amandes amères : faites infuser le tout dans six pintes d'eau-de-vie et autant d'eau de rivière; ajoutez quatre livres de sucre, et agitez de temps à autre l'infusion; au bout de quinze jours, coulez la liqueur avec expression et filtrez.

L'angélique est une substance très-aromatique dont il est nécessaire de ménager la dose. Cette liqueur est cordiale et un peu sudorifique.

Ratafia d'oranger, citron, cédrat, bergamote.

Levez le zeste de ces fruits : on en met deux par pinte d'eau-de-vie à vingt degré; on laisse infuser pendant environ un mois; on ajoute à l'infusion huit onces de sucre par pinte; on clarifie au lait et on filtre.

Scubac.

Mettez dans une cruche deux gros de safran

gâtinais, trois onces de dattes et raisins de Damas, quatre onces de jujubes, un demi-gros d'anis, autant de cannelle et de coriandre. On verse sur ce mélange quatre pintes d'eau-de-vie à vingt-six degrés; on laisse infuser pendant quinze jours, ayant soin d'agiter de temps en temps; on passe la liqueur avec expression, et on mêle le sirop avec l'infusion spiritueuse. On met ce ratafia dans de grandes bouteilles pour le laisser éclaircir, et lorsqu'il l'est, on décante pour séparer le dépôt qui s'est formé.

Ratafia de noyaux.

Concassez cent noyaux de pêches ou d'abricots pour une pinte d'eau-de-vie; on met infuser le bois et l'amande pendant un an dans un bocal bien bouché et bien luté. Au bout de ce temps, tirez au clair la liqueur, et faites-y fondre douze onces de sucre par pinte; passez ensuite à la chausse, et mettez-le en bouteille. Il faut cirer le bouchon et le parchemin qui couvre l'infusion.

Anisette de Bordeaux.

Versez sur dix onces de sucre concassé six à huit gouttes d'huile essentielle d'anis; faites dissoudre ce sucre dans six litres d'eau-de-vie et filtrez.

Ratafia d'anis.

Concassez deux onces de bardane des Indes, ou semence d'anis étoilé; mettez-le infuser dans quatre livres d'eau-de-vie à vingt degrés; quinze jours après, passez la liqueur à la chausse, faites-y fondre six onces de sucre blanc et filtrez.

Ratafia de café.

Prenez une once de café moka torréfié et con-
concassé ; faites-le infuser, pendant huit jours ,
dans huit livres d'eau-de-vie à trente degrés ;
passez la liqueur, faites-y fondre vingt onces de
sucre blanc et filtrez.

Ratafia des sept graines.

Prenez des semences d'anis, d'angélique, de fenouil, d'anet, de coriandre, de carvi, de daucus de
Crète, de chaque une once; faites-les macérer dans
quinze livres d'eau-de-vie à vingt-un degrés ; au
bout de quinze jours, passez et faites-y fondre
dans la liqueur douze onces de sucre et filtrez.

Vespétro.

Dans trois pintes d'eau-de-vie , mettez infuser,
pendant trois semaines , quatre gros de graines
d'angélique, six de coriandre, trois gros de fenouil,
autant d'anis, zestes de quatre citrons ; passez et
faites fondre dans la liqueur douze onces de sucre.

Le vespétro est beaucoup plus agréable quand
on distille l'infusion.

Ratafia de coins.

Dans un mélange de six livres de suc dépuré de
coins et de deux livres d'alcool rectifié, faites macérer, pendant dix jours, cannelle fine, trois gros,
coriandre concassée, deux gros, amandes amères,
quatre gros ; passez et faites-y fondre deux livres
de sucre.

6

Ratafia de brou-de-noix.

Prenez soixante noix récemment nouées et saines, écrasez-les et faites-les macérer, pendant deux ou trois mois, dans deux litres de vieille eau-de-vie, une livre de pétales d'œillet rouge sans onglets, dix-huit grains de cannelle fine, autant de girofle concassé ; passez la liqueur et faites-y fondre quatre livres de sucre.

Ratafia provençal.

Faites macérer, pendant huit jours, une livre d'œillet jaspé mondé, deux livres d'alcool à vingt-un degrés ; ajoutez-y douze onces de sucre et de frambroises et dix-huit grains de safran, exprimez et filtrez.

Mexico.

Dans huit pintes d'eau-de-vie de trente-six degrés, affaiblie avec quatre pintes d'eau, mettez macérer, pendant quinze jours, six zestes de citrons, trois gros de vanille, deux gros de cannelle, autant de chervi de safran et d'amandes amères, un gros de maïs ; passez et faites fondre dans la liqueur douze livres de sucre et filtrez.

Crême de créole.

Faites infuser, dans seize pintes d'eau-de-vie, deux gros d'ambrette, le zeste de quinze citrons, douze noix muscades râpées, dix clous de girofle, et une once de sommités d'absinthe moyenne ; quinze jours après, passez avec expression, et mettez-y vingt-quatre livres de sucre fondu dans deux pintes d'eau.

Cédrat façon des îles.

Faites infuser, pendant quinze jours, dans seize pintes d'eau-de-vie, le reste de douze cédrats et de huit citrons, une once de coriandre, une demi-once de cannelle, deux gros de baume du Pérou et une gousse de vanille; mélangez à l'infusion, terminée par vingt-quatre livres de sucre fondu dans douze pintes d'eau.

Observation.

Quand on veut faire de bons ratafias, il faut employer de bonne eau-de-vie de vin, qui ne sente ni l'empyreume, ni l'àcreté de l'huile, des pepins et des truffes, ni l'odeur de la futaille. Il faut faire choix des substances, et effectuer une macération proportionnée à leur nature. Par exemple, la fleur d'oranger ne doit infuser que quelques heures, sans cela elle cède des principes amers qui rendent la liqueur moins agréable; on peut en dire autant des écorces de citrons, des tiges d'angélique, etc.

On ne doit ajouter le sucre qu'à la fin de l'opération, car le sucre diminue la capacité de l'alcool pour dissoudre les substances aromatiques; cependant on peut, et l'on doit même le mélanger au baume du Pérou et de Tolu, quand ils entrent dans la composition des liqueurs.

Les ratafias par distillation étant souvent confondus avec ceux par infusion avec les élixirs, je vais rapporter la formule des moyens les plus usités.

Eau divine.

Mélangez quatre pintes d'alcool, huit onces d'eau de fleur d'oranger, deux gros d'huile essentielle de citron et autant de bergamotes; mettez ce mélange dans un bain-marie d'étain, et distillez à une douce chaleur; faites fondre séparément quatre livres de sucre dans huit pintes d'eau, versez dans ce sirop vert l'esprit aromatique distillé, agitez et quelque temps après filtrez.

Cette liqueur est cordiale, et légèrement sudorifique.

Eau des bardes.

Prenez une once de zestes d'oranges et quatre onces de zestes de citrons, un demi-gros de girofle et un gros de coriandre; faites macérer, pendant vingt-quatre heures, dans quatre livres d'alcool à vingt degrés, distillez ensuite au bain-marie et ajoutez au produit un poids égal de sirop de sucre blanc; mêlez et filtrez.

Liqueur de menthe, dite des chasseurs.

Mettez une livre de sommité fleurie de menthe poivrée; macérez, pendant vingt-quatre heures, dans huit livres d'eau-de-vie; distillez au bain-marie. Ajoutez au produit partie égale de sirop de sucre. On colore ordinairement cette liqueur en vert (j'indiquerai ci-après le procédé de coloration).

Eau-de-vie de Dantzick.

Dans quatorze pintes d'eau-de-vie, mettez deux

onces de feuilles de pêcher, deux gros de carda-
man, une once de cannelle, une demi-once de
fleur d'oranger ; distillez et retirez sept pintes de
produit ; ajoutez trois pintes de kirsch-wasser ;
faites fondre six livres de sucre dans cinq pintes
d'eau ; mélangez le tout : les marchands y ajoutent de l'or en feuille.

Anisette de Hollande.

Prendre quatre livres d'anis, trois onces de bardane ou anis étoilé des Indes, douze onces de
coriandre, huit onces de fenouil, autant de noyau ;
concassez deux onces de graines d'ambrette, six
onces de graines d'angélique, quatre onces de
safran râpé, avec une livre d'absinthe séchée et
amendée ; mettez ce mélange dans cette partie
d'eau-de-vie ; vingt-quatre heures après distillez,
retirez cinquante pintes, que vous mélangerez avec
cinquante à soixante livres de sirop de sucre.

Si l'on continue la distillation pour obtenir encore un quart de produit, on en fait de l'anisette
de qualité inférieure.

Il y a des liqueurs qui se font sans infusion et par
distillation ; tel est le garus, qu'on a classé, dans
quelques pharmacopées, parmi les élixirs, et qui,
pour le sucre qu'il contient et la manière dont il
est préparé, doit être rangé parmi les liqueurs.

Garus.

Prenez un gros et demi de myrrhe, autant d'a-
loès, trois gros de girofle, autant de muscade,
une once de safran et six onces de cannelle. On

concasse toutes ces substances, on les fait infuser dans dix livres d'alcool pendant vingt-quatre heures; alors on distille au bain-marie cette liqueur spiritueuse et aromatique. Pour tirer neuf livres d'esprit, prenez quatre onces de capillaire du Canada, une demi-once de réglisse coupée grossièrement, trois onces de figues grasses; on hache grossièrement le capillaire, et on le met dans un vaisseau convenable, avec la réglisse coupée et les figues grasses aussi coupées en deux; on verse dessus huit livres d'eau bouillante; on couvre pendant vingt-quatre heures; on passe ensuite en exprimant légèrement le marc; on ajoute douze onces d'eau de fleur d'oranger ordinaire; on fait ensuite dissoudre à froid douze livres de sucre dans cette infusion; ensuite on mêle deux parties de ce sirop sur une partie d'esprit-de-vin en poids et non en mesure; on agite le mélange pour qu'il soit exact; on le couvre dans un grand vase de verre bouché, et on le tire par inclination quelque mois après, lorsqu'il est suffisamment clair.

Coloration des liqueurs en jaune, en bleu et en vert.

La couleur jaune se donne avec le curcuma, la bleue avec l'indigo.

La teinture de curcuma satinée se prépare avec la racine de curcuma concassée, sur laquelle on verse l'alcool à vingt-deux degrés, de manière à recevoir la matière de trois à quatre doigts à peu près; on laisse macérer l'espace de huit jours, ayant soin d'agiter de temps à autre.

Teinture d'indigo.

On prend une once d'indigo flore pulvérisé; on le met avec six onces d'acide sulfurique , à soixante-six degrés, dans une capsule de porcelaine, placée dans le bain-marie de sable. La dissolution s'opère à l'aide d'une douce chaleur; quand elle est refroidie , on prend quatre onces de cette dissolution, que l'on verse dans un mortier de porcelaine ou dans une capsule; on y ajoute peu à peu trois onces de carbonate de chaux réduit en poudre, en triturant ce mélange avec un pilon de verre ou de porcelaine : il en résulte, après l'effervescence, une pâte formée de sulfate de chaux et chargée de la matière colorante de l'indigo. On délaie cette matière avec huit à neuf onces d'alcool ; on laisse ce mélange en contact pendant douze heures, en agitant de temps en temps, et l'on filtre.

Couleur verte.

Quand on veut colorer une liqueur en vert, on fait un mélange de deux parties de cette teinture alcoolique d'indigo et une partie de teinture de curcuma; ce mélange, ajouté en plus grande quantité , donne une couleur verte plus ou moins foncée.

Si cette quantité d'alcool ne satisfait pas pour dissoudre toute la matière colorante contenue dans le sulfate de chaux, on peut laver de nouveau avec une seconde dose d'alcool, que l'on emploie à une nouvelle opération.

Leçon Onzième.

THÉ.

THÉ, s. m., *thea;* nom d'un arbrisseau qui croît à la Chine et au Japon, et dont la feuille, après avoir été roulée au moyen d'une sorte de torréfaction, est usitée journellement en infusion dans ces deux vastes contrées du globe, d'où elle est passée en Europe.

Histoire naturelle du thé.

Le thé (*thea bohea* LINN.) est un arbrisseau qui appartient à la famille des orangers et à la polyandrie monogynie de Linnée. Cet arbrisseau, qui est toujours vert, s'élève ordinairement jusqu'à trente pieds s'il croît en liberté; mais il est rare qu'il en acquière plus de six, à cause de la culture qu'on en fait, et de la facilité que cette taille offre pour son exploitation. Ceux que nous voyons dans nos orangeries en Europe ne montent guère

au-delà de deux ou trois pieds, parce qu'on les
rogne pour en faire des boutures. Les feuilles
de ce végétal sont alternes, ovales et allongées ou
elliptiques, d'un vert luisant, entières près de
leur base, dentées en scie dans le reste de leur
longueur, et portées sur un pétiole court, demi-
cylindrique; elles sont d'une odeur aromatique,
amère et un peu austère; ses fleurs sont grandes,
de couleur blanche ou un peu rosée, axillaires,
solitaires, ou deux à deux, portées sur des pédon-
cules courts; leur calice à divisions profondes, est
ordinairement au nombre de cinq à six; les pétales sont au nombre de trois à neuf, sont larges,
obtus, et renfermant des étamines très-nom-
breuses (environ cent), insérées sur des récepta-
cles; l'ovaire est supère et surmonté d'un style
terminé par trois stygmates. Le fruit a une triple
coque, dont chacune se fend latéralement et ren-
ferme une ou deux semences sphériques, où il
est enveloppé d'une première peau verte, puis
d'une autre blanche, mince, et d'une troisième
en forme de pellicule. Lorsqu'il est nouveau, ce
fruit a peu d'amertume, mais au bout de deux
à trois jours qu'il est cueilli, il devient huileux
et amer. On ne fait aucun usage des fleurs et
des fruits du thé, du moins à la manière de
feuille, comme dans tous les autres végétaux
cultivés; les parties de sa fructification subissent
des variations dans leurs nombres, des divisions
du calice de la quantité des pétales, qui pour les
fruits n'ont parfois que deux coques, même
une seule, et qui, dans d'autres circonstances,

mais plus rares, en offrent quatre. Cet arbrisseau croît naturellement à la Chine et au Japon, dans les vallées et aux pieds des montagnes ; le meilleur vient dans les terrains pierreux.

On connaît dans le commerce plusieurs espèces de thé ; 1° le thé impérial ; 2° le thé perlé ; 3° le thé heysvin supérieur ; 4° le thé heysvin sekim ; 5° le thé bout ou bouhi ; 6° le thé peko ; 7° le thé soat-chaou, 8° le thé pouchoug ; 9° le thé bouka ; 10° le thé vert. Je ne parlerai point ici de leurs différences, qui ne sont pas toujours faciles à saisir, et qui varient suivant le temps de la récolte, et le mode de préparation qui diffère dans chaque province.

Histoire du thé.

Les Japonais, selon Kœmpfer (*Amon. exot.*) attribuent au thé une origine merveilleuse : ils disent que Darma, prince indien, très-religieux, vint en Chine, en l'an 519 de l'ère chrétienne, pour y prêcher sa doctrine et sa religion. Ce Darma passait les jours et les nuits à la contemplation de l'Etre divin ; mais enfin, accablé de fatigues et de jeûnes, il ne put se dérober au sommeil ; le lendemain, se réveillant, il crut avoir manqué à ses devoirs ; pour ne plus tomber dans la même faute, il se coupa les paupières et les eta à terre. Lorsqu'il retourna, le jour suivant, à l'endroit même où il avait fait cette bizarre exécution, il vit chacune de ses paupières changée en admirable métamorphose, en un arbrisseau inconnu jusqu'alors dans le pays, et qui était le thé. Darma en mangea des feuilles, sentit tout-à-coup renaître en lui une gaîté extraordinaire, et une force nouvelle pour continuer ses divines méditations ; il recommanda l'usage de cette feuille à ses disciples. C'est ainsi que la réputation du thé se répandit dans la Chine et au Japon.

En Europe, il en fut du thé comme de toutes les substances nouvellement introduites dans un pays, et que l'on adopte avec enthousiasme, quoique la nouveauté et la rareté en fassent souvent le mérite. A entendre tout ce qui a été publié sur les propriétés de cette plante, elle réunit les vertus de toutes les autres ; les Hollandais, qui l'apportèrent les premiers de l'Inde en Europe, en firent l'éloge le plus fastueux. Ce fut Tulpius, médecin hollandais, qui la fit connaître dans une dissertation qu'il publia en 1641 ; Joncquet, médecin français, en 1657, l'appela herbe divine et la compara à l'ambroisie ; Cornelius Beuthéko, médecin de l'électeur de Brandebourg, assura, dans un traité sur le thé, en 1679, que cette boisson ne pouvait faire aucun mal, quand même on en prendrait deux cents tasses par jour. Plusieurs de ses compatriotes, renchérissant sur cette assertion déjà outrée, en firent une panacée universelle. De Blegny, dans un ouvrage publié en 1689, sur le bon usage du thé, en fait un éloge très-pompeux, et le regarde comme excellent préservatif de beaucoup de maladies chez les Chinois et les Japonais. On peut, pour me servir de l'expression de Tissot, mettre le thé au nombre des arcanes, inventées par l'avarice, et dont la première et souvent la seule vertu, est de rapporter de l'argent à ceux qui la vendent. Ces peuples prétendent que le thé les préserve de la goutte, de la sciatique, de la pierre, etc.

Rien de plus exagéré que les propriétés attribuées à cette plante; elles n'ont souvent pour base que des assertions hasardées fondées sur des observations que l'expérience ne justifie pas, et qui ont presque toujours été démenties par des faits mieux observés. Cependant elles sont vantées par certains auteurs, avec une confiance qui suffirait pour les rendre douteuses.

Le thé n'a été long-temps connu en France que comme médicament, c'est à la fin du dix-septième siècle ou au commencement du dix-huitième, lorsque l'anglomanie s'empara de la tête de tous les grands, que le thé y devint à la mode : on prenait le thé deux fois le jour en Angleterre ; il fut du bon ton en France d'en prendre matin et soir, sans réfléchir si ce qui plaisait aux Anglais convenait à notre santé. Le thé ne tarda plus à devenir chez nous, comme chez nos voisins, une branche de spéculation. On en préconisa les avantages, il devint un objet de luxe. On se pressa autour d'une table richement décorée, les femmes pour montrer leurs charmes, leur aisance à verser la liqueur aromatique, et leur aimable prévenance à l'offrir aux convives, plutôt que par goût pour la feuille du Japon ; et les jeunes gens, bien

plus pour avoir occasion de faire briller leur esprit, que pour quelques tasses de l'infusion étrangère.

Récolte, préparation et conservation du thé.

Ce n'est que vers la troisième année de la plante,
que l'on commence à en cueillir les feuilles. Celles
des jeunes arbrisseaux sont les meilleures que
celles des vieux. On en fait la récolte à différentes
époques de l'année ; la première en mars, la seconde en avril, et la troisième en mai. Lors de la
première cueillette, les feuilles n'ont que quelques
jours de pousse, elles sont petites et très-tendres :
c'est ce que nous appelons *thé impérial ;* il est
le plus estimé : on le réserve pour l'empereur,
les seigneurs et les riches de la Chine. Celui que
l'on regarde comme le meilleur se cultive dans
les environs de la petite ville d'Udsi, près de Ma-
cao ; on apporte un soin particulier à sa culture
et à la préparation de cette espèce de thé. A l'é-
poque de la seconde cueillette, les feuilles sont
beaucoup plus développées, quoiqu'elles ne soient
pas encore arrivées à leur entière croissance :
celui-ci est le bas thé du commerce. Quand on
fait la troisième et dernière cueillette, les arbres
sont très-touffus, et les feuilles sont parvenues à
leur dernier développement ; c'est le thé grossier,
il est réservé pour le peuple.

On choisit toujours un beau temps pour faire la
récolte du thé ; c'est lorsqu'il est sec et dans une
très-grande chaleur, que les femmes et les enfans
visitent les arbres pour les dépouiller de leurs feuil-

les. Si l'on néglige le moment propre à les cueillir , elles peuvent dans une nuit perdre beaucoup de leur qualité. Il est nécessaire qu'elles soient torréfiées le même jour qu'on les cueille : si on les gardait seulement une nuit, elles noirciraient et perdraient de leurs vertus. Aussitôt qu'elles sont séparées de l'arbre, on les apporte sur des paniers dans les endroits où il y a des fourneaux : pour les préparer, chaque fourneau porte une plaque de fer large et plate; lorsque cette plaque est chaude, on met dessus une certaine quantité de feuilles nouvellement cueillies ; des ouvriers les remuent continuellement avec les mains, jusqu'à ce que la chaleur soit insupportable. Pendant cette demi-cuisson il en sort un suc grisâtre ; alors on les enlève , on les verse sur des nattes ou de papier, on les froisse pour les rider davantage, puis on les agite dans des corbeilles, pour qu'elles conservent mieux leurs frisures. Elles sont remises de nouveau sur la platine médiocrement chaude ; on les frotte encore, et l'on répète l'opération une troisième ou quatrième fois, jusqu'à ce qu'elles soient entièrement privées de leur humidité. Pour les conserver, on les enfermé dans des bouteilles de verre, dans des vases de porcelaine bien bouchés , ou plus communément dans des poches de plomb ou d'étain laminé.

Les feuilles ainsi préparées ont une couleur plus ou moins foncée, suivant le degré de calcination, et les soins qu'on y apporte. M. Cadet pense que : « Quelle que soit l'odeur du thé (ainsi préparé), elle n'appartient pas à la plante, elle

« lui a été communiquée par d'autres plantes aro-
« matiques. Les feuilles sont inodores, et en sup-
« posant qu'elles aient un parfum, cet arôme
« disparaît par la torréfaction. »

Je pense, avec cet habile pharmacien, que
certaines plantes aromatiques que les Chinois
mêlent au thé lui communiquent leur odeur, mais
je suis loin de le considérer comme inodore, et de
lui refuser les propriétés qui tiennent à son arôme.
C'est peut-être à ce dernier principe qu'il faut attribuer les effets fâcheux du thé sur l'organisme :
il paraît que c'est dans l'arôme que réside la propriété narcotique de la plante, puisque cette propriété diminue à mesure que l'odeur s'affaiblit.
Cela reconnu, en admettant avec M. Cadet, que
la torréfaction prive le thé de son parfum, il faut
attribuer son narcotisme à l'odeur des plantes avec
lesquelles on l'aromatise. Il est probable qu'elle
l'augmente, mais il est douteux qu'elle en soit la
cause. Les Chinois reconnaissent que le fruit a la
propriété d'agir sur les nerfs, et que la torréfaction
ne la lui enlève pas entièrement. C'est par cette raison qu'ils ne s'en servent qu'un ou deux ans après
l'avoir préparé. Or, en vieillissant, cette feuille
ne perd qu'une partie de son arôme, puisqu'elle
a probablement été desséchée ; il est donc difficile de refuser au thé préparé une odeur qui lui
est propre, quoiqu'elle soit presque toujours marquée par celle qu'il emprunte des plantes aromatiques que l'on met dans le fond du vase où on le
conserve.

Propriétés chimiques du thé.

D'après l'analyse faite par le célèbre chimiste déjà cité, le thé fournit : 1° une matière extractive; 2° du mucilage ; 3° beauçoup de résine ; 4° de l'acide gallique; 5° du tannin. Une forte infusion de thé précipite en noir la dissolution du sulfate de fer; on s'en sert pour colorer certaines étoffes ou pour aviver leurs couleurs.

Commerce du thé.

Le commerce du thé est un des plus importans qui existent : des quantités considérables de vaisseaux vont chaque année s'en charger à la Chine. Malgré les tromperies, la duplicité des Chinois qui, de tous les peuples, paraissent être les plus fourbes, on est obligé d'en passer partout où ils veulent pour se procurer cette feuille, devenue, pour ainsi dire, de première nécessité en Europe ; ce qui prouve la vérité déjà bien connue, que les besoins factices de l'homme, sont infiniment plus impérieux que les réels, qui sont, à tout prendre, en très-petit nombre. Voici, sur ce commerce , le relevé exact des thés achetés en Chine depuis 1772 jusqu'en 1780 :

Par 79 vaisseaux anglais.......... 50,759,451 liv.
Par 107 vaisseaux de différentes
 nations européennes......... 118,783,811

   TOTAL................ 169,543,262 liv.

Dans ce compte ne sont pas compris le thé venu par le commerce de contrebande, et celui qui

entre en Asie par terre. En portant à six francs le
prix de chaque livre de ces feuilles, c'est environ
un milliard pour huit années, c'est-à-dire, près
de cent vingt-cinq millions par an. Il est probable que ce commerce est aujourd'hui plus considérable, parce que la consommation du thé est
étendue jusque parmi le peuple, dans quelques
contrées de l'Europe, comme en Angleterre, en
Hollande, etc.; et que le prix d'ailleurs est supérieur à six francs, car le bon en vaut le double,
et il y en a d'une somme quadruple et plus : ce
qui me confirme dans l'opinion du plus grand emploi du thé, c'est ce que je vois dans un relevé des
douanes, qu'en 1805 il en est entré seulement
en France plus de cent mille pesant. Il n'y a pas
encore cent ans, que la compagnie anglaise des
Indes n'en vendait pas annuellement plus de cinquante milliers pesant; aujourd'hui les ventes de
cette seule compagnie s'élèvent à vingt millions
de livres pesant. Les Anglais en tirèrent, en 1793,
vingt-trois millions de livres pesant.

Préparation du thé.

Ce n'est pas une chose toute simple que la préparation du thé; les Asiatiques, les Chinois, par
exemple, prennent au contraire beaucoup de précautions ; ceux d'entre eux qui se piquent d'être
bons connaisseurs et fins gourmets de thé mettent les attentions les plus délicates dans les ap-
prêts de cette boisson. Ce n'est pas au feu de
toute espèce de bois, mais à celui de bois qui doit

chauffer l'eau du thé : c'est dans un vase d'une
certaine argile venue de telle province que cette
eau doit bouillir ; les essences de roses, de jasmin, etc., aromatisent cette précieuse boisson.
La manière de faire les honneurs d'une table à
thé, de s'en servir avec grâce et politesse, est à la
Chine et au Japon un art qui a ses principes,
ses règles et des maîtres qui font profession de
l'enseigner ; il fait partie de l'éducation, comme
chez nous la danse, l'escrime, etc. ; mais le plus
habituellement les Chinois se contentent de verser l'eau chaude sur le thé, dans la tasse même
où ils doivent le boire. Après l'infusion faite, les
Japonais ont une autre méthode ; ils réduisent le
leur en poudre fine qu'ils détrempent avec de
l'eau chaude, coutume que l'on retrouve aussi
dans quelques provinces de la Chine.

Chez nous, le thé se prépare en mettant environ un gros de feuilles de thé par livre d'eau
bouillante : on jette d'abord une première eau
chaude pour ramollir ses feuilles; puis, au bout de
cinq minutes, on remplit la théière que l'on laisse
environ autant de temps en infusion, après quoi
on le sert. Cette dose peut recevoir encore huit
onces d'eau bouillante. Le thé s'associe chez nous
au lait, à la crème qui doit être froide et au sucre :
chez les Anglais et les Hollandais, la préparation
du thé est une affaire aussi sérieuse qu'à la Chine;
c'est toujours la maîtresse de la maison devant
ses convives qui préside à cet acte important. La
mode de prendre le thé leur sert de réunion ou

plutôt de prétexte de réunion aux plus brillantes sociétés, et, de nos jours, on nous invite à un thé comme à un repas.

Effets du thé sur l'économie animale.

Le thé, pris en petite quantité modérée comme la plupart des substances existantes aromatiques et légèrement vireuses, produit une exaltation momentanée dans les idées, augmente les facultés mentales, donne de l'activité et du développement à la pensée, procure l'hilarité et le contentement, répand une chaleur douce, haliteuse dans toute l'habitude du corps, etc.

Des circonstances où le thé peut être nuisible ou avantageux.

1°. *Age.* — On doit interdire l'usage du thé pendant l'enfance; à cette époque de la vie, le système nerveux jouit d'une très-grande activité et est très-accessible à tous les existans. On sait que les affections convulsives sont l'apanage des enfans. On doit, dans tous les cas, interdire l'usage du thé aux enfans et aux jeunes personnes; il affaiblit leur estomac, altère la faculté digestive et engendre plusieurs indispositions. (*Encyclop. méthod.*, vol. 7.)

2°. *Sexe.* — Les effets du thé sont infiniment mieux marqués chez les femmes et les enfans que chez les hommes, et bien plus sur les habitans des villes que sur ceux des campagnes.

Les femmes élevées dans l'opulence et l'oisiveté des villes, vivant dans un état de mollesse et, par

cette raison, plus faibles et plus délicates, ont les
nerfs extrêmement irritables. Le thé fait sur elles
une impression très-fâcheuse , et augmente leur
disposition aux maladies nerveuses. D'ailleurs les
femmes des villes participent presque toutes du
tempérament sanguin et lymphatique , qui de
tout s'accommode le moins de l'usage du thé.

Il n'en est pas de même de celles qui habitent la
campagne : continuellement livrées à des travaux
ou à des exercices plus ou moins actifs, elles deviennent robustes ; leurs nerfs s'habituent à toutes
les impressions, et sont moins susceptibles d'être
irrités par une cause légère : aussi le thé leur est-
il beaucoup moins funeste qu'à nos petites maîtresses; elles ne sont pas tourmentées par les maux
de nerfs. Les femmes des anciens Scythes ne furent jamais sujettes aux vapeurs. Hippocrate nous
dit qu'elles étaient élevées aux exercices des ar-
mes, et ne se mariaient qu'après avoir tué trois
ennemis. Rappellerai-je cet oracle de Celse :
« Que le travail favorise le corps, et que l'oisiveté
l'énerve, » *otium corpus hebetat, labor firmat.*

Le thé fait beaucoup moins de mal aux hommes
qu'aux femmes, indépendamment qu'ils en font
moins abus. Leur vie active fait qu'ils sont moins
sensibles à son action. Il paraît que, dans l'état de
santé, la sensibilité intérieure est presque toujours
en rapport avec l'extérieure , et que celle-ci mo-
difie singulièrement l'autre : nous l'avons vu à
l'égard des femmes de la campagne ; nous le
voyons aussi par les hommes de lettres : ceux-ci,
constamment livrés au même genre d'occupation,

respirant leur air presque toujours à la même température, sónt très-sensibles aux intempéries de l'atmosphère ; lorsqu'ils s'exposént au grand air, les excitans pris à l'intérieur leur causent des tremblemens et souvent les rendent vaporeux.

3°. *Tempérament.* — Le thé ne convient point aux tempéramens sanguins et lymphatiques, il convient aux bilieux; il n'est pas aussi souvent nuisible aux mélancoliques : le thé doit fortement exciter les personnes qui participent des tempéramens sanguins et lymphatiques. Elles ont les sensations vives, les nerfs très-délicats et très-irritables, et, sous ce rapport, elles ont beaucoup à craindre de son usage ; le tempérament bilieux s'en accommode rarement. Cette boisson exalte l'imagination déjà très-active chez les personnes de cette constitution ; elle provoque aux impatiences, à la colère, etc. Le thé convient mieux aux mélancoliques naturellement timides, sombres et taciturnes ; tout ce qui excite la circulation change cet état de tristesse en une sorte de gaîté convenablement excitée. Les fonctions de la vie s'exécutent chez eux avec plus d'aisance : la méfiance et la timidité font place à un sentiment de sécurité qui se fait apercevoir dans toutes les actions; leur imagination se réveille; l'esprit sort de son engourdissement; la parole se ranime, et peint avec rapidité et précision la profondeur de leurs pensées.

4°. *Climat.* — Si les habitans du midi de l'Europe faisaient autant usage du thé que ceux du nord , il est probable qu'ils s'en trouveraient beaucoup plus mal que ces derniers; doués d'une irritabilité plus grande, ils sont plus susceptibles d'être excités par la même cause; la sensibilité nerveuse étant modifiée par l'influence des agens extérieurs, elle est néanmoins soumise à celle des climats. Dans les pays chauds, tous les êtres jouissent d'une susceptibilité exquise; les causes les plus légères exaltent les phénomènes de la vie, tandis que, comme le dit Montesquieu, ce n'est qu'en écorchant les habitans du nord qu'on les chatouille; ceux-ci doivent donc chercher les boissons qui les excitent, les remuent et les font sortir de cet engourdissement dans lequel ils vivent naturellement : ils ne sont gais que lorsqu'ils ont pris des liqueurs excitantes; ce qui explique peut-être leur goût décidé pour les boissons enivrantes. Les peuples méridionaux n'ont pas besoin d'avoir recours à cet artifice; naturellement enjoués, les liqueurs fortes, loin de les rendre aimables, changent quelquefois leur gaîté en une fureur.

Leçon Douzième.

VIN.

Histoire du vin. — Composition chimique du vin. — Des causes qui influent sur la nature et les qualités du vin. — 1° Le climat. — 2° Les saisons. — 3° L'exposition. — 4° Le sol. — 5° La culture. — Fabrication et conservation du vin. — Du moment favorable à la vendange, et des moyens d'y procéder. — Foulage des raisins. — De la fermentation vineuse. — Phénomènes de la fermentation, soufrage des vins. — De la clarification des vins. — Maladies des vins ; moyen de les prévenir ou de les corriger. — De la maladie appelée graisse. — De la maladie du vin appelée acidité. — Des différentes espèces de vins et de leurs qualités. — Première classe. — Vins aromatiques. — Deuxième classe. — Vins mucoso-sucrés acidules. — Troisième classe. — Vins extraco-tartareux. — Quatrième classe. — Vins alcooliques. — Cinquième classe. — Vins sucrés et amers. — Sixième classe. — Vins acides. — Effets du vin sur l'économie animale. — Effets locaux. — Effets généraux du vin. — Des différentes circonstances où le vin peut être nuisible ou avantageux. — 1° Age. — A. Enfance. — B. Puberté. — C. Adulte. — D. Vieillésse. — 2° Sexe. — 3° Tempérament. — 4° Profession. — 5° Climat. — 6° Saisons. — 1° Hiver. — 2° Printemps. — 3° Été. — 4° Automne.

Vin, s. m., *vinum* des Latins, οινος des Grecs ; liqueur agréable, tonique et nourrissante, que l'on obtient du suc de raisin, après lui avoir fait subir certaines préparations. Cette liqueur est ordinairement d'une saveur chaude et piquante et quelquefois sucrée, d'une odeur plus ou moins aromatique.

Histoire du vin.

L'origine du vin se perd dans la nuit des siècles, et la grande diversité qui régna à l'époque à laquelle on commença à en faire usage est peut-être la preuve la plus convaincante de sa haute antiquité. Becman-Anal pense que le vin était connu avant le déluge; Procope de Gaza, un des plus savans interprètes de l'écriture, convient que la vigne existait dans le monde avant Noé; mais, selon lui, ce serait ce patriarche qui aurait appris aux hommes à s'en servir. On lit, dans Athénée, qu'Oreste, fils de Deucalion, planta le premier la vigne en Etna; selon d'autres historiens, Saturne dans la Crète, Bacchus dans l'Inde, Osiris en Egypte. Beaucoup d'autres sont cependant d'accord que la vigne naquit aussitôt que le déluge, comme si le ciel eût voulu la donner à l'homme pour le consoler de sa misère, et lui procurer l'oubli de ce terrible bouleversement qui venait d'ébranler la nature.

> Omnia vastatis ergo cùm cerneret arvis
> Desolata Deus, nobis felicia vini,
> Dona dedit, hominum quo munere fovit
> Reliquias, mundis solutus rite ruinam.

Præd. rust.

L'histoire de tous les peuples, celle même qui remonte aux temps les plus reculés, nous apprend qu'une de leurs cérémonies religieuses consistait à offrir à Dieu du pain et du vin.

La vigne paraît être originaire d'Asie. Les Phéniciens, ces premiers navigateurs, l'apportèrent de bonne heure dans la plupart des iles de l'Archipel; c'est de là qu'elle se répandit sur les côtes de la Méditerranée; elle se multiplia en Italie, et quelques siècles après, des Gaulois qui avaient goûté du vin trouvèrent cette liqueur si délicieuse, qu'ils résolurent de passer les Alpes. On vit alors une colonie nombreuse renoncer au miel de ses forêts, franchir les monts et aller se fixer sur les bords du Pô; là, ils s'abandonnèrent à la culture de l'olivier, du figuier, et surtout de la vigne, qui ne tarda pas à se répandre dans leur ancienne patrie; peut-être alors les Francs furent-ils attirés dans la Gaule par le même motif que les Gaulois l'avaient été en Italie. Bientôt les Germains du Rhin essayèrent de défricher la forêt Noire, et d'y planter la vigne : la Hongrie imita cet exemple, et ces peuples, jusqu'alors vagabonds, renoncèrent à leurs croisades barbares pour s'occuper de la culture de cet utile végétal.

C'est surtout dans les ouvrages des anciens poètes que nous apprenons à connaître les vins de leur temps. Virgile, Anacréon, Horace, ont chanté Bacchus dans des vers pleins de charme, et qui ne pouvaient être inspirés que par les plus doux présens du dieu des buveurs.

Parmi les vins les plus célèbres, on comptait celui de Rhètre, le vin favori d'Auguste; le Falerne, si vanté par Virgile et qu'on recueillait sur une montagne de ce nom dans la Campanie ; le savoureux Massique, qui provenait aussi de la même contrée

Dioscoride parle du Cécube comme d'un vin exquis ; Horace en fait le même éloge dans ses vers qu'il adresse à Posthume :

> Absumet herus Cæcuba dignior
> Servatum cultum clavibus et mero;
> Tinget parvi mentum superbum
> Pontificum potiore cœnis.
>
> ODE II , *livre 2.*

Le Calanum, Lamiela, le Fandi, se recueillaient près de Gaëte, le Suessa sur les bords de la Méditerranée.

La Grèce ne cédait point à l'Italie en excellens vins ; ceux de Cos, de Clazomène, les vins blancs de Maréotide, méritaient leur célébrité ; on sait que ceux de Lesbos, de Chio, de Maronnée, de Tasse, d'Icare, étaient très-recherchés à Rome. Le fameux vin d'Argos, celui de Rhodes, nommés liqueur des dieux, se présentaient au dessert au moment des libations ; le Naxos et le Thaxos étaient comparés au nectar ; les vins de Leurcade et de Corinthe étaient les moins estimés.

La Palestine produisait des vins très-recherchés ; l'écriture parle avec éloge de ceux de Sorée, de Seboma, d'Abel : les auteurs profanes ont vanté ceux de Gaza, d'Ascalon, de Thyr, du Liban et de Chelon. L'Égypte avait aussi de bons vins, entre autres celui d'Alexandrie.

Plusieurs de ces vins exquis sont parvenus jusqu'à nous. L'ancienne Grèce, l'Italie nous en fournissent encore quelques-uns d'une saveur délicieuse.

Les anciens aimaient beaucoup les vins doux et parfumés. Pour les obtenir, ils mélangeaient des espèces différentes : les vins aromatiques avec les vins moelleux; celui d'Héraclée, par exemple, avec celui d'Arytrée.

Ils connaissaient aussi l'art de tempérer le vin par l'addition de l'eau; Pline, d'après Homère, parle d'un vin tellement spiritueux, qu'on ne pouvait le boire sans l'étendre d'une grande quantité d'eau.

En lisant les observations qu'Aristote, Dioscoride, Pline et Galien nous ont laissées sur les vins de leur temps, il paraît qu'on possédait l'art d'épaissir et de dessécher les vins pour les conserver plus long-temps. Aristote cite particulièrement ceux d'Arcandie, qui se desséchaient tellement dans les outres, qu'on était obligé de les délayer avec de l'eau après les avoir raclés pour les rendre propres à servir de boisson. « *Ita excitatur in* «*utribus ut deramum bibantur.*» Martial donne dans ses vers le conseil de filtrer le Cécube.

Turbida sollicito transmittere Cæcuba succo.

Galien parle de quelques vins d'Asie qui acquéraient par l'évaporation la dureté du sel même ; on appelait cette opération *fumarium*. M. Chaptal pense que les anciens ont voulu désigner par là des vins doux, épais, peu fermentés ou des sucs moux, altérés et rapprochés à la consistance d'extrait; peut-être, ajoute-t-il, n'était-ce qu'un raisiné très-analogue à celui que nous formons aujourd'hui par l'évaporation du suc du raisin.

On n'employait alors le vin pour boisson qu'à des époques fixes et déterminées pour chaque espèce. Dioscoride désigne la septième année comme terme moyen ; Galien et Athénée rapportent qu'on ne buvait le Falerne ni avant qu'il ait atteint l'âge de dix ou douze ans, ni après celui de vingt ; ceux d'Albe demandaient jusqu'à vingt-six années d'ancienneté. Pline parle d'un vin de cent ans qu'on servit sur la table de Caligula.

Composition chimique du vin.

Le vin est composé 1° d'alcool ; 2° d'une matière sucrée ; 3° d'acide malique ; 4° d'acide tartarique ; 5° de tartre acidule de potasse ou tartre ; 6° d'acide acétique ; 7° d'une matière colorante, extractive, plus ou moins amère, et en partie résineuse, et quelquefois d'une partie aromatique (cette matière ne se rencontre que dans les vins rouges); 8° d'acide carbonique; 9° enfin de tannin.

Des causes qui influent sur la nature et les qualités du vin.

1°. *Le climat.* — De toutes les causes qui influent sur la nature et les qualités du vin, celle-ci doit être considérée comme la principale dans les pays chauds. La végétation de la vigne est si active, qu'elle ne s'arrête jamais : le cep s'épuise bientôt et meurt ; c'est pourquoi la vigne ne peut venir sous les tropiques ; c'est dans les climats tempérés, c'est-à-dire entre le quarantième et le cinquantième degré de latitude nord qu'elle réussit le mieux; on ne la trouve plus au-delà du cinquantième. Les principes aromatiques et sucrés du raisin sont le produit de l'action du soleil pur et constant : ils se trouvent en proportion très-grande dans les vins des contrées méridionales, tels que ceux des îles Canaries, de Madère, de Malvoisie, etc. ; quelquefois il s'y mêle une matière extractive, amère, comme dans quelques vins d'Espagne. Vers le milieu de la zone, la plus favorable à la culture de la vigne, les vins prennent une saveur plus piquante, comme ceux de la Provence et du Languedoc, du Roussillon et de Hongrie : plus au nord, l'alcool diminue; l'acide et le principe extractif commencent à prédominer. Il est des vins où l'alcool et l'acide paraissent à peu près en quantité égale sans dominer beaucoup sur les autres parties, tels sont ceux du Rhin, de la Moselle : tout-à-fait au nord, il ne reste, pour ainsi dire, aucun élément de fermentation alcoolique ; la verdure et l'aridité, dominant exclusivement en général les climats froids, donnent des vins aqueux et acides, quelquefois un peu parfumés, lorsque certaines circonstances favorisent le développement des principes aromatiques.

2°. *Les saisons.* — Une atmosphère chaude ou tempérée est plus favorable au développement de la vigne; aussi le vin qu'on récolte après une saison froide est-il ordinairement de mauvaise qualité : lorsqu'à l'époque de la maturité le temps a été pluvieux, il est au contraire plus abondant, mais aussi peu riche en alcool et en principes aromatiques; c'est seulement lorsque le raisin commence à paraître, que les pluies sont avantageuses. Les frimas qui se font sentir alors font à la vigne un très-grand dommage; ils gèlent la sève et font périr les fleurs.

Sæpè ferox insurgit hyems et intima gliscens
Membrana, gelu vites interficit utquid inanes.
Venitor effundi lacrymas!

Præd. rust., livre 2.

On peut donc établir, comme un résultat de l'expérience, que les saisons chaudes donnent aux vins des principes spiritueux, aromatiques; que les saisons froides leur donnent une qualité astringente et aride; que la sécheresse y développe le principe sucré, et que l'humidité les rend plats et aqueux.

3°. *L'exposition.* — On ne révoquera pas en doute son influence. A cet égard, des vignes sous le même climat, dans le même terrain, ayant la même culture et toutes les autres circonstances semblables, donnent des vins de qualités très-différentes, par cela seul que l'une est exposée au nord, l'autre au midi, comme l'avaient très-bien observé les anciens :

Opportunus ager tepidos qui vergit ad æstus.

Virg. Géorg., livre 2.

Les coteaux bien accessibles à l'air, et exposés

librement aux rayons du soleil, sont très-convenables à la vigne.

. . . . Denique apertos.
Bacchus amat colles. . . . .

Virg. Géorg., liv. 2.

Nous voyons en effet que, vers le sommet des coteaux, on obtient un vin plus savoureux et plus aromatique, et que, vers les lieux trop bas, le vin est plat et très-chargé de parties colorantes.

4°. *Le sol.* — Un terrain sec, léger et calcaire, est en général très-propre à la culture de la vigne. Les terres grasses et bien nourries ne produisent qu'un vin terne et très-coloré, et c'est là que l'homme industrieux doit chercher une autre source de richesse, la culture de diverses graines céréales.

Hic segetes, illic veniunt felicius uvæ.

Ibid.

Le sol le plus favorable à la vigne paraît être celui qui est à la fois léger et caillouteux. Les terres fortes et argileuses ne lui conviennent pas, elles retiennent trop d'eau ; l'air ne peut les pénétrer que très-difficilement, la vigne y languit et meurt.

. . . . In denso non segnior ubere Bacchus.

Ibid.

Ce sont les terres volcanisées qui nourrissent les vins délicieux de Tokai, le lacryma-christi, etc. Les coteaux granitiques donnent aussi d'excellens vins, tels que ceux de Côte-Rôtie, de l'Ermitage, etc.

5°. *La culture.* — Elle a de l'influence sur la nature du vin en changeant les qualités du sol et modifiant celles des raisins; les terres doivent souvent être remuées : celles qui le sont davantage se rapprochent des terres légères par leur action sur la vigne.

Le choix du fumier n'est pas indifférent; il doit être chaud et sec ; on préfère dans quelques contrées celui de pigeon et de volaille. J'observerai qu'en général plus on active la végétation par le fumier, moins le vin est de bonne qualité, mais il est aromatique et spiritueux , mais plus il est abondant; c'est par la même raison qu'en laissant beaucoup de tiges à un cep on obtient une grande quantité de raisins et un vin de plus mauvaise qualité. Dans les pays froids et les terrains bas et humides, on se sert avec avantage d'échalas; ils facilitent la maturité du raisin en lui faisant avoir une plus grande influence des rayons solaires, et en les soustrayant à l'humidité du sol ; c'est dans cette circonstance qu'il est nécessaire de tailler la vigne, et de disposer les tiges de manière à ce que les raisins soient bien exposés au soleil et à la réverbération de ses rayons par la terre.

Outre les causes générales que je viens d'examiner, et qui modifient la nature et les qualités du vin , il en est de particulières bien moins importantes que les premières; je vais les énumérer.

Je range parmi ces causes : 1° l'espèce de la vigne. On sait que les vignes des régions méridionales, comme l'Espagne, la Grèce, etc., apportées en France, donnent pendant un certain temps des vins de nature différente.

2°. Le degré de maturité du raisin, et la manière dont il a été cueilli dans quelques contrées. On choisit les raisins, et on les laisse faner au soleil. C'est ainsi que se préparent les vins de Tokai, le lacryma-christi, etc. , qui sont en même temps doux et spiritueux.

3°. La manière dont s'opère la fermentation vineuse , toutes choses égales d'ailleurs. Si le temps est froid , la fermentation est plus lente , le vin est moins spiritueux , mais il conserve mieux sa partie aromatique ; si le temps est chaud, la fermentation est plus rapide, la chaleur qui se développe est plus considérable ; elle fait dégager la presque totalité du principe aromatique. Les vins sont alors très-spiritueux ; le volume de la masse influe sur la fermentation. Plus cette masse est grande, plus la fermentation est accélérée et plus la chaleur est considérable ; il est des vins qui ne subissent pas une fermentation complète, ils retiennent une portion d'acide carbonique , tels sont les vins mousseux de Champagne.

4°. L'âge du vin. Les vins nouveaux sont en général moins agréables et moins salubres que les vins vieux ; ils déterminent aisément l'ivresse, et contiennent beaucoup d'acide tartareux et de matière extractive : leurs parties sucrées et spiritueuses n'ont pas eu le temps de se développer : c'est pour cette raison que ceux du Rhin ne sont potables qu'après un grand nombre d'années. La partie sucrée diminue avec l'âge au profit de la partie spiritueuse; il arrive une époque où celle-ci diminue à son tour : elle se change en acide; ses altérations expliquent pourquoi les vins légers et acidules se conservent très-peu , tandis que les vins doux et spiritueux se conservent long-temps.

Fabrication et conservation du vin. — Du moment favorable à la vendange et des moyens d'y procéder.

La vigne la mieux exposée, plantée dans les terrains les plus convenables et cultivée dans les meilleurs principes, donnera de mauvais vin si la récolte du raisin se fait dans le moment favorable, et au degré de maturité qu'une expérience suivie a désigné.

Le moment le plus favorable à la vendange est celui de la parfaite maturité du raisin, c'est-à-dire lorsque la queue verte de la grappe devient brune, que la grappe devient pendante, que le grain du raisin a perdu sa dureté, et que la pellicule est devenue mince et transparente; lorsque la grappe et le raisin se détachent aisément, que le jus du raisin est savoureux, doux, épais et gluant, et que les pepins sont vides de substance glutineuse.

La chute des feuilles annonce plutôt le retour de l'hiver que la maturité du raisin ; aussi ne doit-on pas se régler d'après ce signe, qui est très-fautif, de même que la pourriture , que plusieurs causes peuvent décider sans qu'un cas permette d'en déduire une preuve de la maturité. Cependant, lorsque les gelées forcent les feuilles à tom-

ber, il n'est plus permis de différer la vendange,
parce que les raisins ne sont plus susceptibles de
maturité ; un plus long séjour sur le cep ne pourrait qu'amener la putréfaction.

Il est des qualités de vin qu'on ne peut obtenir
qu'en laissant dessécher sur le cep les raisins qui
doivent le fournir; c'est ainsi que, dans les îles de
Candie et de Chypre, on laisse faner le raisin
avant de le récolter ; on dessèche les raisins qui
fournissent le Tokai et quelques vins d'Italie; les
vins d'Arbois se font après que les premières gelées ont passé sur le raisin ; on fait les vins de
paille en cueillant les raisins par un temps sec et
serein ; ensuite on les étend sur des claies ou
paillassons sans qu'ils se touchent; puis on les
expose au soleil, et on les rentre lorsqu'il est
passé; on enlève avec soin les grains qui pourrissent; lorsque le raisin est bien fané, on le presse
et on l e fait fermenter.

Il est des climats où les raisins ne mûrissent jamais bien, tels sont presque tous les pays élevés
et froids; ceux que produisent les terrains gras et
mal situés : alors on est forcé de vendanger un
raisin vert pour ne pas l'exposer à pourrir sur le
cep; l'automne humide et pluvieux ne pourrait
qu'ajouter à la mauvaise qualité.

La nécessité de vendanger étant bien reconnue,
il ne faut en exécuter le travail, autant que possible, que lorsque le sol et les raisins sont secs et
que le beau temps paraît assuré pour que les travaux ne soient pas interrompus. Plus le raisin
sera mûr et plus il fera chaud au moment de la

vendange, plus la fermentation se fera promptement et donnera de meilleure qualité de vin, ainsi que je l'ai déjà fait remarquer.

On vendange à deux ou trois reprises dans les lieux où l'on est jaloux de soigner la qualité du vin. A la première coupe, qui est généralement la meilleure, on enlève tous les raisins de la même espèce, et également mûrs pour les mettre à part; à la seconde coupe, on prend les raisins les moins mûrs avec ceux d'espèces différentes, et on achève de récolter; à la troisième coupe, les raisins pourris ou mal conditionnés.

Dans quelques pays on redoute une vendange composée de raisins parfaitement mûrs; on craint alors que le vin ne soit trop doux, et on y remédie en y mêlant des raisins moins mûrs: en général le vin n'est mousseux et piquant que lorsqu'on travaille des raisins qui n'ont pas acquis une maturité entière; c'est ce qui se pratique dans la Champagne et ailleurs.

Pour recevoir le raisin détaché du cep avec l'ongle du pouce, ou coupé très-court avec une serpette ou des ciseaux, on doit se servir de petits baquets ou seaux à deux anses qui ne soient pas d'une trop grande capacité pour être faciles à transporter d'un lieu à un autre, et dès que le seau est plein, on le vide dans une balonge qu'un homme transporte commodément à dos jusqu'à la cuve : ce transport se fait aussi sur des charrettes ou à dos de mulet : les localités décident sur le choix de l'une ou de l'autre de ces deux méthodes.

Quelques amateurs conseillent de grapper le raisin avant de le déposer dans la cuve : cette méthode, qui est très-bonne dans certains cas, ne doit pas être exclusive. Il est de fait que la grappe est âpre et austère, et l'on ne peut nier que les vins qui proviennent de raisins non égrappés ne participent de cette qualité ; mais il est des vins faibles et insipides, tels que la plupart de ceux que l'on récolte dans les pays humides où la saveur légèrement âpre de la grappe relève la fadeur naturelle de cette boisson.

La fermentation marche avec plus de force et de régularité dans du moût mêlé avec la grappe que dans celui qui a été dépouillé. La grappe concourt à opérer une décomposition plus complète du moût, et à produire tout l'alcool dont il est susceptible, de manière qu'elle peut être considérée comme un ferment avantageux ; dans tous les cas où l'on craindrait que la fermentation ne fût lente et retardée, le raisin égrappé fait un vin plus délicat, l'autre le produit plus fort ; tous deux trouvent des partisans de ces deux boissons.

Foulage des raisins.

Qu'on égrappe ou qu'on n'égrappe pas, il est indispensable de fouler les raisins pour en extraire le jus et faciliter la fermentation. On procède généralement à cette opération à mesure que l'on vendange, soit dans des baquets, soit dans une caisse dont le fond est à claire-voie, placée sur la cuve, soit enfin dans la même cuve.

Quelle que soit la méthode qu'on adopte pour

le foulage du raisin, il ne peut éprouver une fermentation spiritueuse, si, par une pression convenable, on n'en extrait pas le suc pour le soumettre à l'action des causes qui déterminent le mouvement de la fermentation; il est donc important de donner à cette portion très-intéressante de la vendange le degré de perfectionnement convenable, de soumettre à l'action du pressoir tous les raisins à mesure qu'on les transporte de la vigne, sans cela la fermentation ne saurait marcher d'une manière uniforme : le suc exprimé terminerait sa période de décomposition avant même que les grains qui ont échappé au foulage eussent commencé la leur, qui alors présenterait un tout dont les élémens ne seraient plus en rapport.

Le suc exprimé sera reçu dans une cuve, dans des vases ou tonneaux, dont la capacité doit être en proportion à la quantité de vin qu'on récolte, et on l'abandonnera à la fermentation spontanée; par ce seul moyen le mouvement de la décomposition s'exécutera sur toute la masse d'une manière égale, la fermentation sera uniforme, simultanée par toutes les parties.

De la fermentation vineuse.

Tout le travail de la vinification se fait dans la fermentation; c'est par elle seule que le moût passe à l'état de vin : la fermentation est en proportion à la masse du liquide; mais on ne doit pas conclure qu'il soit avantageux d'en faire fermenter un grand volume, ni que le vin qui en provient ait des qualités supérieures; il est un terme à tout, et des extrêmes également dangereux qu'il faut éviter; pour avoir une fermentation complète, il ne faut pas l'obtenir trop précipitée.

Je ne puis déterminer la masse la plus favorable à la fermentation, elle varie selon la nature du vin et le but qu'on se propose; il est question de conserver l'arôme; elle doit s'opérer en plus petite masse que s'il s'agit de développer toute la partie spiritueuse pour fabriquer des vins propres à la distillation : il convient donc de varier la capacité des vases selon la nature du raisin ; lorsqu'il est très-mûr, doux, sucré et desséché , le moût est épais, pâteux, etc. ; la fermentation s'y établit difficilement, et il faut une grande masse de liquide pour décomposer pleinement le suc sirupeux, sans cela le vin reste aqueux, douceâtre et même chaud : ce n'est qu'après un long séjour dans le tonneau que cette liqueur paraît prendre un degré de perfection qu'elle peut atteindre.

Le principe doux et sucré, l'eau et le tartre, sont les trois élémens du raisin qui paraissent influer le plus puissamment sur la fermentation ; c'est non seulement à leur existence qu'est due la première cause de cette sublime opération , mais encore aux proportions très-variables entre ces divers principes constituans qu'il faut apporter les principales différences que présente cette fermentation.

Comme le but et l'effet de la fermentation spiritueuse se réduisent à produire de l'alcool en décomposant le principe sucré, il résulte que la

formation de l'un est toujours en proportion de
la destruction de l'autre, et que l'alcool sera d'autant plus abondant, que le principe sucré l'aura
été lui-même. C'est pour cela qu'on augmente à
volonté la quantité d'alcool ou la qualité spiritueuse du vin, en ajoutant du sucre au moût qui
paraît en manquer; le miel, la mélasse et toute
autre matière sucrée du moindre prix, pourvu
qu'ils n'aient point de saveur désagréable et ac-
cessoire qui ne puisse être détruite par une bonne
fermentation, peuvent être employés aussi ou
suppléés par l'art au défaut de la nature.

Quant aux soins qu'exige la fermentation, elle
doit être gouvernée d'après la nature du raisin et
conforme à la qualité de vin qu'on désire obtenir.
Le raisin de Bourgogne ne peut être traité comme
celui du Languedoc; le mérite de l'un est dans le
bouquet, qui se dissiperait par la fermentation
vive et prolongée; le mérite de l'autre est dans la
grande quantité d'alcool qu'on peut y développer.
Ici il faut une chaleur artificielle pour provoquer
la fermentation; là, la nature du moût est telle
que la fermentation demanderait à être modérée.
Chaque pays a ses procédés qui lui sont prescrits
par la nature même de ses raisins, et il serait ri-
dicule de vouloir tout soumettre à la même règle :
il importe de bien connaître la nature de son raisin et les principes de la fermentation; à l'aide
de ces connaissances, on se fera un système de
conduite qui ne peut qu'être très-avantageux,
parce qu'il est fondé non sur des hypothèses, mais
sur la nature même des choses.

Dans les pays froids, où le raisin est peu sucré et très-aqueux, il fermente difficilement ; on provoque la fermentation de plusieurs manières, soit en introduisant une quantité convenable de moût bouillant dans le tonneau, soit en remuant et agitant la vendange de temps en temps ; quelquefois on couvre les tonneaux avec des couvertures, ou bien on échauffe l'atmosphère dans laquelle les tonneaux sont placés.

Enfin la température de l'air, l'état de l'atmosphère, le temps qui a régné pendant les vendanges, ont leur effet sur la fermentation vineuse. L'agriculteur doit faire attention à toutes ces causes pour en déduire des règles de conduite capables de le guider.

Phénomènes de la fermentation.

Le moût étant donc placé en repos dans les tonneaux et dans un lieu convenable à une température de dix à douze degrés du thermomètre de Réaumur, au bout d'un temps plus ou moins long, il se gonfle et se raréfie, déborde le tonneau, et en sort en partie, si celui-ci est entièrement plein : il s'excite enfin entre ces molécules un mouvement intestin accompagné d'une élévation de température ; ce mouvement, à mesure qu'il augmente, produit un petit bruit ou frémissement, un bouillon manifeste ; on voit des bulles s'élever à la surface, et il s'en dégage une quantité considérable d'un fluide assez lourd, puisqu'il peut être reçu dans des vaisseaux et se transvaser, qui éteint le feu et tue les animaux, connu sous

le nom de gaz acide carbonique. On aperçoit en
même temps dans la liqueur qui fermente les
parties grossières, telles que les pepins, les pe-
lures et autres, poussées par le mouvement de la
fermentation, et rendues plus légères par les
bulles de gaz qui s'y attachent, s'agiter en différens sens, et s'élever à la surface, où elles forment
une écume ou espèce de croûte molle, spongieuse,
qui couvre exactement la liqueur. Cette croûte,
pendant toute la durée du mouvement de la fermentation, s'élève et se fend de temps à autre
pour donner passage au gaz, après quoi elle se
referme comme auparavant; et ces phénomènes
continuent jusqu'à ce que, la fermentation venant
a diminuer, il cesse peu à peu. Alors la croûte
n'étant plus soutenue se divise en plusieurs pièces,
à moins qu'elle ne soit trop épaisse, et ses débris
tombent au fond de la liqueur ou se soutiennent
à la surface, suivant leurs rapports et leur pesanteur spécifique avec celle du vin qui est formé
en même temps. Il ne se fait plus de dégagement
de gaz acide carbonique, en sorte qu'une chan-
delle peut brûler dans la partie supérieure de la
cuve. C'est le temps qu'il faut suivre pour favoriser
la cessation de la fermentation sensible, en souti-
rant la liqueur dans des tonneaux qu'on bouche
avec des feuilles de figuier, pour empêcher l'entrée
de l'air, et qu'on tient dans un lieu plus frais
que celui où s'est opérée la fermentation.

Ce vin, ainsi mis dans les tonneaux, est trouble; il fermente encore, mais comme le mouvement en est moins tumultueux, on appelle cette

période de fermentation, fermentation insensible. Ce travail se continue pendant un temps plus ou moins long ; enfin la liqueur devient calme, les parties hétérogènes qui la troublaient se séparent et forment un dépôt qu'on nomme lie, mélange confus de tartre, de filtre, de matière colorante, et surtout de ce principe végéto-animal que contient le ferment.

Ces matières, quoique déposées dans le tonneau et précipitées du vin, sont susceptibles de s'y mêler encore par l'agitation, le changement de température, etc. ; et alors, outre qu'elles nuisent à la qualité du vin qu'elles rendent trouble, elles peuvent lui communiquer un mouvement de fermentation qui le fait dégénérer en vinaigre. C'est pour empêcher cet inconvénient qu'on transvase le vin à diverses époques, qu'on en sépare avec soin toute la lie qui s'est précipitée, et qu'on dégage de son sein tout ce qui peut être dans un état de dissolution incomplète. A l'aide de ces opérations, on le purge, on le purifie de toutes les matières qui pourraient déterminer l'acétification. On réduit ordinairement au soufrage et à la clarification tout ce qui tient à l'art de conserver le vin.

Soufrage des vins.

Les diverses substances aromatiques qu'on peut mêler avec le soufre pour en obtenir des mèches soufrées, sont les poudres de girofle, de cannelle, de gingembre, d'iris de Florence, de fleurs de thym, de lavande et de marjolaine; on met dans une terrine vernissée une ou plusieurs de ces substances, et on les fait fondre à un feu très-doux ; on y trempe des bandes de toile d'un pouce de large sur un pied de long ; on les laisse refroidir et l'on en fait des paquets qu'on enveloppe avec soin quand on veut mécher un tonneau (ce qui se fait ordinairement lorsqu'on en a ôté le vin et qu'on veut en remettre de nouveau). On coupe à une bande un morceau carré qu'on accroche au méchoire, et après l'avoir allumé, on le fait entrer dans le tonneau, on le bouche et on le laisse brûler.

'Dans quelques pays on ne brûle qu'une mèche dans le tonneau ; dans d'autres on en brûle plusieurs, après y avoir mis quelques pintes de vin que l'on a soin d'agiter lorsqu'on a cessé de brûler, et continuant de brûler des mèches et d'ajouter du moût. On forme ainsi le vin muet de Marseillan, près de Cette en Languedoc : il sert, par son mélange avec d'autres vins, à soufrer. Le but du soufrage des vins est de les empêcher de passer à l'état de vinaigre.

Il serait assez curieux de constater l'action de l'acide sulfureux dans les vins, de reconnaître quelle quantité serait nécessaire, et comme je pense, s'il n'y changerait pas d'état.

Les anciens, qui n'oubliaient jamais les parfums dans la fabrication de leurs vins, avaient coutume de brûler dans leurs tonneaux un mastic composé de poix d'encens, d'un peu de sel et d'un cinquantième de cire. Cette opération était désignée par les mots *picare dolia*, et les vins ainsi préparés étaient connus sous le nom de *vina picata ;* c'est peut-être d'après cet usage que les anciens avaient consacré les sapins à Bacchus.

De la clarification des vins.

Quoique j'aie parlé d'abord du soufrage, cette opération n'est que la suite de la clarification ; car elle enlève la lie et fait précipiter toutes les matières qui sont suspendues dans le vin, afin de prévenir la décomposition et lui donner ce coup-d'œil net et clair, et cette couleur qui prévient toujours favorablement.

On commence par enlever le vin de dessus sa lie, c'est ce que l'on nomme transvaser, soutirer, et on le colle pour en opérer la clarification. Le temps du soutirage n'est pas le même pour tous les pays. Les vins de l'Ermitage se soutirent en mars et septembre ; en Champagne au milieu d'octobre, et vers la fin de mars en Bourgogne.

Quel que soit le temps auquel on soutire le vin, on doit toujours choisir, pour exécuter cette opération, un temps froid et surtout un vent de nord.

Pour décanter les vins, on emploie ordinairement un tuyau de cuir dont une extrémité doit boucher hermétiquement l'ouverture du tonneau à transvaser, tandis que l'autre bout pénètre dans la pièce vide. On fait alors passer le vin dans ce second, en adaptant au premier un soufflet ; on y accumule l'air qui, ne pouvant sortir, agit sur la surface du liquide, le force à monter dans le tuyau, et à passer ainsi dans l'autre vase. Par cette opération, on sépare une partie des impuretés du vin, et on éloigne par conséquent quelques-unes des causes qui peuvent en altérer la qualité. Cette opération ne suffit pas pour les vins qu'on désire d'une grande limpidité, et surtout pour les vins blancs; on est obligé de les coller. Le collage s'exécute avec une dissolution de colle de poisson qu'on agite dans le vin, ou dans une petite portion, qu'on réunit ensuite à la masse du liquide, ou bien en se servant de dix à douze blancs d'œufs fouettés avec un peu de vin ; on réunit le tout au reste du tonneau qui peut être d'un muid. Une autre méthode est d'agiter, dans un tonneau de trois à quatre cents pots, deux onces de gomme arabique en poudre.

Les vins blancs d'Espagne, ordinairement troublés par la lie, ne se clarifient qu'en y mêlant des blancs d'œufs, du sel gris et de l'eau salée qu'on verse dans un tonneau de vin dont on a tiré une partie; au bout de deux à trois jours, la liqueur s'éclaircit, et devient agréable au goût ; on laisse reposer huit jours et on soutire.

Les vins qui ont de la verdure et de la pureté doivent rester plus long-temps sur la lie, qui agit si bien sur eux, qu'on est obligé de les y passer pour pouvoir en tirer parti : il faut les soutirer au milieu de mai ou à la fin de juin. La lie est quelquefois si abondante, que le vin ne serait jamais potable : il faut, pour le remettre, prendre deux livres de cailloux calcinés et broyés, dix à douze blancs d'œufs, une poignée de sel, qu'on battra avec huit pintes de vin; on versera le tout dans des tonneaux, et on soutirera deux à trois jours après ; l'amidon, le riz, le lait et autres substances, peuvent bien servir à opérer la clarification des liqueurs troubles, mais seulement de celles qu'on doit boire sur-le-champ ou en très-peu de temps ; car elles y développent un germe de fermentation qui altère la qualité.

On fait perdre aux vins les goûts désagréables qu'ils ont contractés, en les laissant macérer sur des copeaux de hêtre bouillis dans de l'eau et séchés au soleil ou dans le four. Il ne faut pour un muid qu'un quart de boisseau de ces copeaux ; au bout de vingt-quatre heures la liqueur est éclaircie.

Lorsque le vin est bien clarifié, pour qu'il se conserve et s'améliore, il faut le déposer dans des vases et dans des lieux dont le choix n'est pas indifférent à déterminer ; en général les vases de verre sont plus favorables que les barriques, qui sont ordinairement de bois de châtaigner, et ont le désavantage que quelques-unes de leurs parties se dissolvent dans le vin, et qu'elles laissent pénétrer l'air à travers les pores. Les anciens employaient des vases de terre vernissés, et cet usage est encore conservé dans les îles de Chypre.

Les caves destinées à conserver le vin doivent être situées vers le nord ; la température y est moins variable que dans celles situées vers le midi ; elles doivent être assez profondes pour que la température soit toujours uniforme ; quand elles sont humides, les barriques se couvrent de moisissure ; lorsqu'elles sont sèches, les tonneaux se rétrécissent : il faut un courant d'air convenable et pur, et pas une lumière trop vive. La cave doit être construite telle que le vin ne soit pas exposé à de fortes commotions, ce qui exciterait la fermentation acéteuse.

Maladies des vins; moyens de les prévenir ou de les corriger.

La plupart des vins ne peuvent se boire sur-le-champ; ils exigent pour s'améliorer un temps plus ou moins long, pendant lequel ils peuvent être attaqués de plusieurs maladies. Il serait trop long de les énumérer toutes : je ne m'arrêterai qu'aux principales, qui sont la graisse et l'acidité.

De la maladie du vin appelée graisse.

Cette maladie attaque ordinairement les vins faibles, peu spiritueux, faits avec des raisins égrappés. On la prévient en collant et en mêlant le vin avec soin, en donnant à la fermentation tout le temps convenable.

Il suffit quelquefois de laisser reposer un vase rempli de vin graisseux, ou de l'exposer dans un lieu chaud pour guérir cette maladie. Cette dégénération a lieu, surtout lorsque la saison a été pluvieuse, et que les vendanges ont été humides.

Lorsque la graisse est constatée, ce qui s'annonce par un dépôt gras, laiteux et blanchâtre, et toutes les fois que le vin agité légèrement sur sa couche ne sonnera pas, et présente un œil ou une bulle qui s'arrête au verre, on a l'attention de ne pas toucher au vin, on le laisse en place. Cette maladie se passe à la première ou à la seconde sève suivante : alors le dépôt blanchâtre devient brun, se dessèche, se détache par écailles dans la bouteille, et le vin reprend sa diaphanéité; il devient sonnant, et on le dit guéri.

C'est surtout au temps qu'il faut abandonner la cure du vin gras; rarement cette maladie dure plus d'une année.

De la maladie du vin appelée acidité.

L'acidité est la maladie la plus commune qui attaque le vin. Les causes qui peuvent la déterminer sont les circonstances défavorables pendant lesquelles on a vendangé; l'état de verdure des raisins, les changemens variés de la température, les commotions même faibles et souvent répétées qui mettent la lie en mouvement, et le contact ou le mélange de l'air atmosphérique avec le vin.

Ainsi, on empêchera le vin de s'aigrir en faisant évaporer la partie de l'eau abondante, en augmentant la quantité de l'esprit, en enlevant le vin de dessus sa couche, le clarifiant avec soin, en le privant du contact de l'air, et en le renfermant dans une cave dont la température soit constamment la même, à l'abri de la sécheresse et des secousses.

Si cependant le défaut de soin ou quelques accidens particuliers avaient donné lieu au développement de l'acide, on pourra masquer sa saveur en mêlant au vin aigre du miel, de la réglisse, du moût cuit; on détruira entièrement ce principe en le combinant avec le blanc d'Espagne.

Il est encore un grand nombre de recettes dont on a vanté les heureux effets ; mais elles méritent si peu de confiance, qu'il serait même dangereux de les faire connaître.

Dans les départemens septentrionaux, cette maladie attaquerait tous les vins, si on ne la prévenait d'une manière fort sage en les buvant dans l'année et sur les lieux, car le moindre transport les fait tourner à l'aigre.

Le goût de fût que contractent les vins doit être attribué aux tonneaux vermoulus et pourris, ou à l'action de la lie qui s'y sera desséchée.

On neutralise cette odeur en les lavant à plusieurs reprises avec une bonne eau de chaux, après avoir bien collé et soutiré le vin ; quant aux fleurs, qui n'altèrent point sensiblement la qualité du vin, M. Chaptal les regarde comme un vrai bissus ; on en prévient le développement en tenant les vins bien fermés, à l'abri du contact de l'air et extrêmement pleins.

Des différentes espèces de vins et de leurs qualités.

Toutes les espèces de vins, d'après la prédominance de leurs principes constituans, peuvent être divisées en six grandes classes, ainsi qu'il suit :

PREMIÈRE CLASSE. — *Vins aromatiques.* — Je place dans cette classe les vins qui contiennent de tous les principes dans de justes proportions. Ces vins sont les meilleurs pour l'usage, ils sont de facile digestion, nourrissans et toniques ; les vins de Bourgogne sont dans ce cas.

Deuxième classe. — *Vins mucoso-sucrés acidules.*—Les vins mousseux de Champagne, d'Arbois, trouvent ici leur place; ils contiennent une très-grande quantité d'acide carbonique et une matière mucoso-sucrée : ces vins délicats sont stimulans, diurétiques, enivrent facilement; mais leurs effets sont passagers, ils irritent les nerfs.

Troisième classe. — *Vins extracto-tartareux.* — Ici se placent les vins de Bordeaux, de Pontac, dans lesquels le tartre et la matière extractive sont de la plus grande abondance : ils sont généreux, stomachiques, meilleurs vieux que nouveaux, d'une saveur agréable, augmentant la chaleur et la circulation. Les vins d'Orléans peuvent être aussi mis dans cette classe, mais leurs effets sont moins marqués.

Quatrième classe. — *Vins alcooliques.* — De ce nombre sont ceux dans lesquels l'alcool est en très-grande proportion, tels sont les vins de la Provence, du Languedoc et du Dauphiné; ils sont stomachiques, fortifians, enivrans; vieux, ils conviennent aux convalescens et aux vieillards.

Il semble que c'est de ces vins que parle Horace, lorsqu'il dit :

.... Generosum et lene requiro,
Quòd curas abigat, quòd cum spe divite maneat.
In venis animo que merum, quòd verba ministret,
Quòd me, Lucernæ, juvenem commendet amicæ.

Horace, livre i, épit. 15.

Cinquième classe. — *Vins sucrés et amers.* — Dans cette classe se rangent les vins dans lesquels prédominent le mucoso-sucré et le principe amer, comme quelques vins d'Espagne, d'Italie, et la plupart de ceux qui viennent dans les provinces les plus méridionales.

Sixième classe. — *Vins acides.* — Les vins du Rhin, de la Moselle, peuvent être mis dans cette classe; ils contiennent peu d'alcool : les acides acétique et malique y prédominent; ils sont légers. Les personnes sanguines et scrobatiques se trouvent bien de leur usage.

Les vins diffèrent encore dans chaque classe, soit par la couleur, soit par la saveur, soit par l'âge, l'épaisseur et l'odeur.

Ce sont ces qualités que l'école de Salerne désigne dans ces vers :

> Vina probantur odore, sapore, nitore;
> Si bona vina, curis quinque hæc laudentur in illis,
> Fortia, formosa et fragrantia, frigida, prisca.

Les vins foncés en couleur ne conviennent point aux estomacs faibles, ni aux personnes qui font beaucoup d'exercice.

Les vins blancs, plus légers que les rouges, passent plus facilement : ils conviennent aux sujets d'un tempérament sanguin, bilieux, aux personnes grasses; ils sont diurétiques.

Les vins jaunes sont les plus chauds de tous; ils sont toniques, stomachiques : on doit cependant en user avec modération, parce qu'ils affectent le système nerveux. Les vins de Crète, de Madère sont de ce nombre.

Les vins paillet et clairet tiennent le milieu entre les rouges et les blancs; ils sont très-salubres, se digèrent bien, et conviennent à ceux qui font peu d'exercice. Les vins doux nourrissent fort bien ; ils tiennent le ventre libre, favorisent l'expectoration. Les sujets maigres, et qui ont la poitrine affectée, s'en trouvent bien ordinairement.

Les vins acerbes, verts, d'une saveur âpre, sont peu spiritueux, chargés de beaucoup d'acide malique ; ils sont astringens, se digèrent mal : ils irritent les organes digestifs, donnent des tranchées.

Les vins piquans dessèchent et nuisent aux sujets sanguins, aux jeunes gens et aux vieillards. Ils constipent, arrêtent l'expectoration : ils peuvent convenir aux personnes grasses et lymphatiques.

Les vins nouveaux sont de deux sortes, ou sont nouvellement faits, ou faits depuis deux ou trois mois. Les premiers se rapprochent plus de la nature du moût, se digèrent à peine, procurent des diarrhées, et quelquefois des vomissemens : ils peuvent donner lieu à la génération de la pierre. Les seconds ont les qualités des premiers, mais à un faible degré.

Les vins épais contiennent beaucoup de tartre et de matière sucrée, ce qui fait qu'ils sont nourrissans et toniques ; ils ne conviennent qu'aux personnes faibles. Les vins limpides sont légers, peu nourrissans ; ils passent facilement.

Les vins parfumés sont ceux qui ont un principe odorant, aromatique ; ils réparent promptement les forces, se digèrent bien, sont très-utiles aux sujets épuisés par des maladies graves.

Les vins mousseux sont ceux dont on a interrompu la fermentation, et qui contiennent par conséquent beaucoup d'acide carbonique. Ces vins tiennent en dissolution une grande quantité de mucoso-sucré; ils sont diurétiques, stimulans, mais enivrant aisément. Il paraît, d'après Virgile, que cette sorte de vin était connue de son temps.

```
................Ille impiger hausit.
Spumantem pateram..............
```
ENÉIDE, livre 1.

Effets du vin sur l'économie animale. — Effets locaux.

Le vin produit, à son passage dans la bouche et le pharynx, un sentiment agréable, suivi d'une légère excitation des propriétés vitales occultes de ces parties; l'excrétion du mucus qui lubrifie les parois de la bouche et du pharynx se trouve augmentée; la vapeur aqueuse des capillaires est versée plus abondamment, ainsi que la salive, et l'extinction de la soif est l'effet immédiat de ces phénomènes.

Parvenu dans l'estomac, le vin détermine d'abord le sentiment d'une douce chaleur intérieure. Son action sur la muqueuse gastrique se rapproche beaucoup de celle des alimens ordinaires, mais elle est plus vive. Il diminue et apaise la faim, lorsqu'elle existe. Les propriétés vitales de l'estomac paraissent excitées de la manière la plus favorable: cet organe réagit sympathiquement sur tous les autres; la chaleur y est augmentée; la circulation est accélérée; les fluides abondent et sont sécrétés en plus grande quantité ; leur mélange avec la masse alimentaire est plus parfait, la digestion est plus facile, plus prompte et plus complète.

L'action directe du vin sur le canal intestinal se rapproche beaucoup de celles que je viens d'examiner. Tout porte à croire que le vin accélère les derniers actes de la digestion en excitant la sensibilité et la contractilité des intestins : ses bons effets, dans quelques affections pathologiques de ces parties, ne laissent aucun doute sur la réalité de son action sur l'état de santé.

Le vin n'agit sur la membrane musculaire de l'appareil digestif que par continuité ; il y a entre cette membrane et la muqueuse une telle analogie, un tel rapport de fonctions, que l'une ne peut être affectée sans que l'autre ne le soit plus ou moins : néanmoins ces parties ayant des propriétés différentes, l'action du vin, quoique identique, ne peut avoir les mêmes effets ; dans l'une il excite la sensibilité organique et la tonsité, dans l'autre la contractilité organique sensible. L'exaltation de cette propriété de la membrane musculeuse concourt à la production des phénomènes qui se développent à la suite de la présence du vin dans le canal alimentaire ; elle active et facilite singulièrement le travail de la digestion, et portée à un très-haut degré, elle peut même déterminer le vomissement, soit parce que le vin est de mauvaise qualité, ou pris en trop grande quantité, comme on l'observe dans l'ivresse, soit parce que la sensibilité est exaltée.

Après que le vin a porté sa première action sur l'estomac et le canal intestinal, il alimente par voie de sympathique le foie et le pancréas, augmente leurs propriétés vitales, développe et met en jeu leurs fonctions; les fluides que ces glandes séparent de la masse du sang sont sécrétés en plus grande quantité; ils sont versés dans le duodénum au moment du passage des alimens, et il concourt puissamment à la dissolution et à l'assimilation de la masse alimentaire.

Effets généraux du vin.

Le vin ne borne presque jamais son action à l'appareil digestif; il se manifeste après son usage des phénomènes généraux qui annoncent ses effets sur presque toute l'économie animale, notamment sur les appareils circulatoire et cérébral. Ces phénomènes sont postérieurs à l'action locale : la circulation capillaire paraît augmentée et facilitée; la coloration générale est plus intense ; les conjonctives sont plus injectées ; la respiration est en général accélérée, toutes les sécrétions et excrétions se font avec plus d'activité. Celles de la salive, du suc pancréatique, de la bile, sont les premières influencées par l'excitation sympathique de l'appareil digestif, comme je l'ai déjà observé : les larmes coulent plus abondamment, ainsi que la transpiration insensible ; la chaleur est un peu plus forte que dans l'état ordinaire, et la nutrition paraît favorisée.

Le vin étend rapidement son action à l'appareil cérébral et aux parties sous sa dépendance : il paraît même avoir sur cet appareil une influence plus grande que sur tous les autres ; le cerveau est un des premiers organes affectés, il l'est plus vivement, car les phénomènes de l'ivresse ou les accidens, suite d'un excès dans l'usage du vin , dépendent presque toujours de l'altération des fonctions de cet organe.

Le premier effet général du vin est une excitation plus ou moins vive du cerveau. Les organes locomoteurs sous sa dépendance ont plus d'aptitude aux mouvemens : ils semblent avoir acquis de nouvelles forces. La vue, l'ouïe et les autres sens paraissent avoir plus de finesse. Les facultés de l'individu sont plus développées, les sensations les plus agréables se multiplient, les fonctions s'exercent avec aisance; il éprouve un bien-être général qui le porte à la gaîté, à la franchise, à la bienveillance, à tous les sentimens doux et affectueux qui font le charme de la vie et le bonheur de la société ; le vin adoucit les chagrins et les diminue ; c'est lui qui fait oublier les haines et qui scelle les reconciliations ; il rend courageux, hardi ; il exalte l'imagination , et Vénus joint aussi ses feux à ceux de Bacchus.

> Vina parant animum Veneri isi plurima sumas ,
> Et stupeant multo corda sepulta mero;
> Nutritur vento, restringitur ignis ;
> Levis, alit flammas, grandior aura nocet.   OVIDE.

Ovide, dans son exil, se plaint ainsi de manquer de vin.

> Impetus ille sacer qui vatum pectora nutrit,
> Qui prius in nobis esse solebat abest.

C'est enfin lui qui inspirait Horace lorsque sa plume élégante et facile coulait ces vers harmonieux dont les citations ont tant de charmes :

> Tu lene tormentum in genio admoves
> Plerumque duro , tu sapientium
>   Curas et arcanum jocoso ;
>   Consilium retegis Lyœo;
> Tu spem reducis mentibus anxiis
> Viresque....................

Horace , ode 15 , livre iii.

Le vin me paraît plus propre à augmenter l'imagination qu'à favoriser le jugement ; il produira plutôt des Anacréon et des Chaulieu que des Archimède et des Newton. Le parallèle des grands hommes qui firent leur boisson , les uns d'eau , les autres de vin , prouve ce que j'avance.

Locke, Démosthènes, Haller ne buvaient que de l'eau ; mais Anacréon , Rabelais , Horace , Ovide puisaient dans le vin cette gaîté qui déride le front du sage et électrise l'imagination.

> Nulla placere diu nec vivere carmina possunt
> Quæ scribantur aquæ potoribus et male sanos
> Ad scripsit liber satyris faunisque poëtas.
> Vina fere dulces ola erunt mane cumanas.
> Laudibus arguitur vini vino Homerus ;
> Enim ipse pater nunquam nisi potus ad arma
> Prosiluit discenda.   Horace , épît. 19 , *livre* i.

Il est à observer que les païens plaçaient Pallas et Bacchus dans le même temple. Ils ne les croyaient les dieux supérieurs aux hommes que parce qu'ils buvaient de l'ambroisie et du nectar.

Un médecin (*Fred. Offmann*) a remarqué que les peuples les plus spirituels sont ceux chez lesquels croissent les meilleurs vins; il cite les Français pour exemple : il ajoute que les Grecs, autrefois si renommés , perdirent leur savoir et leur esprit avec les vignes que les Turcs firent arracher. Ces observations ne me feront pas conclure que le vin fournit aux hommes leur esprit et leur science; je dirai seulement qu'il a une grande influence sur les facultés intellectuelles, et qu'il concourt à les développer.

Des différentes circonstances où le vin peut être nuisible ou avantageux.

1°. *Age.* – *a. Enfance.* — L'état du système nerveux chez les enfans, leur motilité, leur extrême susceptibilité, leur disposition aux spasmes et aux affections convulsives, la tendance des humeurs vers le cerveau, la rapidité de la circulation, sont autant de circonstances qui doivent rendre l'usage du vin plus nuisible qu'utile à cet âge : Platon défendait cette boisson jusqu'à la puberté. *Pueri usque ad duovigesimum annum vini usum prorsus ignorent, deinde vino utantur usque ad annum trigesimum, cum ad quadragesimum annum pervenerint, liberius tum Dionysium ad sacra senum innocent, qui hominibus vinum quasi ad remedium adversus senectutis duritiem, et largius reviviscere videamur* (*de legibus*, livre 2, tome 2, page 666).

Hippocrate, un peu moins sévère que ce philosophe, permet de boire un peu de vin, pourvu qu'il soit très-étendu d'eau.

> Affusis, sed ament pueri frigentia nymphis
> Vina, nec adjectis irritent ignibus ignes.
>
> *Præd. rust., livre* 3.

Le même auteur conseille expressément cette liqueur pour les enfans calculeux à la mamelle.

En reconnaissant la sagesse des règles de Platon sur l'usage du vin, et en les adoptant d'une manière générale, j'ajouterai qu'il doit se trouver des exceptions relatives à la manière d'être et à l'état particulier de certains individus.

Cameranius a vu des enfans à la mamelle, l'un de six, l'autre de cinq mois, qui n'ont pu être conservés que par l'usage du vin. (*Sillog. memor. med. cent.* 5 *part.* 64.)

Redlinus rapporte l'histoire de trois enfans à peu près du même âge, et qui sont dans le même cas. (*Lin. med. obs.* 8.)

Le vin peut être utile aux enfans d'une faible constitution, disposés au rachitis, aux scrophules, etc. Il est très-avantageux à quelques jeunes filles atteintes de pâles couleurs en facilitant l'éruption des menstrues.

Dans le premier âge, on doit ordinairement préférer les vins doux et sucrés et aromatiques à ceux aqueux, acidules ou trop alcooliques.

b. Puberté. — La puberté est peut-être l'époque où il faut avoir la plus grande réserve sur l'usage de cette liqueur. La sensibilité est très-vive ; les forces s'accroissent avec rapidité, elles semblent tirer leur source des organes génitaux qui se développent avec une grande activité; la poitrine commence à être le siége d'une direction particulière, la voix change, l'individu éprouve des sensations, et possède des facultés nouvelles : dans cet état d'éréthisme général, les stimulans ne peuvent être avantageux, et surtout le vin, qui excite l'appareil générateur et augmente les passions.

c. Adulte. — Dans l'âge adulte le vin n'est pas d'une nécessité absolue ; cependant le tempérament, la profusion, l'habitude, etc., en doivent rendre l'usage plus ou moins nécessaire.

d. Vieillesse. — La vieillesse réclame le vin : c'est dans cette liqueur que le vieillard retrouve ses forces musculaires, et on sait comment Platon la leur conseille. Ce sont les vins de Bourgogne et de Bordeaux qui conviennent sur le déclin de l'âge, parce que les forces toniques des organes sont ranimées. Le vieillard se sent plus ferme; l'estomac, premier mobile de la nutrition, est entretenu dans une excitation convenable à de bonnes digestions, et surtout l'organisation s'en ressent plus d'une fois : on a vu des vieillards succombant sous le poids des années être revivifiés par quelques verres de bon vin, et pousser un peu plus loin leur carrière.

2°. *Sexe.* — L'homme faisant un emploi fréquent de ses forces, ayant par conséquent souvent besoin de les réparer, doit faire usage du vin; il n'en est pas de même de la femme : ses occupations n'exigent point le plus souvent de grandes forces; elle pourrait fort bien se passer de vin : l'état de son système nerveux, son tempérament, sa manière de vivre, rendront pour elle l'usage de cette liqueur plus ou moins nécessaire.

5°. *Tempérament.* — Les individus qui sont doués du tempérament que les anciens appelaient sanguin, c'est-à-dire dont les vaisseaux artériels et capillaires sont très-développés, ainsi que le système musculaire. qui ont les chairs fermes, le teint fleuri et coloré, etc., ne doivent user de cette liqueur qu'avec beaucoup de réserve, ayant soin d'éviter les vins alcooliques ou de ne les prendre que très-étendus d'eau et en petite quantité. Ces vins sont très-excitans, généreux, assez énergiques : ils augmentent les forces, stimulent le cœur et le système vasculaire; ils déterminent le sang à se porter vers les parties supérieures : aussi doit-on les défendre à ceux dont les forces sont considérables, et dont les humeurs ont une tendance à se porter vers la poitrine, tels, que les sujets disposés à l'apoplexie et aux hémorrhagies.

Les effets du vin seraient plus nuisibles qu'utiles aux individus chez lesquels le système nerveux prédomine, qui jouissent d'une motilité et d'une susceptibilité excessives; ils doivent se priver de cette boisson : cependant, prise par intervalles et à petite quantité, elle est quelquefois utile aux personnes de cette constitution, ayant un effet calmant un peu narcotique, et facilitant le sommeil chez celles qui n'en font pas un usage habituel.

Le tempérament bilieux et sec des anciens ne doit faire qu'un usage très-modéré du vin : il évitera comme le dit Hippocrate, les vins mucososucrés des pays chauds, parce qu'ils resserrent le ventre et facilitent les engorgemens du foie et des viscères abdominaux ; ce qu'a très-bien observé le père de la médecine. Les vins alcooliques ne conviennent pas non plus aux individus de ce tempérament ; ils peuvent user avec avantage des vins aqueux, acidules et légèrement aromatiques.

Les sujets pituiteux, chez lesquels les systèmes lymphatique et cellulaire dominent, qui ont les chairs molles, flasques, le teint pâle, etc., sont ceux qui peuvent faire l'usage le plus avantageux de cette liqueur : ils doivent même en prendre en petite quantité, sans eau, avant et après les repas ; choisir les vins doux, aroma·tiques, un peu alcooliques, évitant ceux qui sont aqueux, acidules, et qui contiennent beaucoup de matière extractive. Cette boisson est encore utile aux personnes mélancoliques, tristes, moroses, dont les sécrétions et excrétions se font avec lenteur ; elles doivent choisir les vins alcooliques et rejeter les vins tartareux, doux et mucoso-sucrés.

4°. *Profession.* — Les individus qui font ordinairement beaucoup d'exercice doivent faire usage du vin, surtout ceux qui travaillent sur les bords des rivières, sur les bateaux, qui sont sans cesse exposés à l'humidité ; les ulcères atoniques, scorbutiques, fréquens chez cette classe d'individus, en rendent l'usage d'une stricte nécessité.

D'ailleurs, sans cesse employant de grandes forces, ils ont souvent besoin de les réparer; le vin convient aussi à ces ouvriers qui habitent les caves, les lieux bas et humides, comme les tisserands, les tanneurs, etc.

Les gens de guerre se trouvent aussi très-bien du vin : le vin, en campagne, est l'âme du soldat; il soutient les forces et le courage, et plus d'une fois dans la mêlée on est à même d'en juger.

Les riches oisifs, les hommes sédentaires devraient être très-modérés dans l'usage du vin ; mais le luxe et l'intempérance ne le veulent pas ainsi.

Les hommes de lettres ont ordinairement des digestions pénibles, ils éprouvent de la constipation ; l'usage d'un vin légèrement coloré, aromatique, ne peut être que très-convenable, et certes il vaut bien la rhubarbe, l'aloès, et autres drogues semblables que l'on a conseillées aux gens de lettres comme toniques et fortifians. Quant aux genres de travail de cette classe d'hommes, le vin pourrait fort bien nuire aux uns et être utile aux autres : par exemple, cette liqueur peut n'être point favorable aux mathématiciens, à l'astronome, au philosophe, mais pour le poète n'être pas sans utilité, ainsi que je l'ai déjà dit.

Il est une profession qui contre-indique tout-à-fait l'usage du vin, c'est l'état ecclésiastique. Le célibat que les prêtres doivent garder, le peu d'exercice que cette profession exige, rendent, pour cette classe d'individus, cette liqueur beaucoup plus nuisible qu'utile.

5°. *Climat.* — La vigne, comme je l'ai dit plus

haut, ne croît pas dans les climats froids. Les habitans de ces pays remplacent le vin par l'eau-de-vie de grains ou de pommes de terre ; cette boisson donne aux propriétés vitales un degré d'exaltation capable de réagir contre l'influence atmosphérique, mais il faut que son usage soit soutenu; c'est un vrai poison pour celui qui n'en boit que par hasard et ne peut en continuer l'emploi : cette liqueur ranime bien pour un moment l'action du cœur, mais c'est pour retomber de nouveau et donner plus de prise au froid destructeur; souvent aussi les boissons alcooliques procurent un sommeil qui, lorsque l'on est exposé au froid, ne laisse pas d'être le plus souvent funeste.

Dans les climats chauds, le vin peut être avantageux, en ce qu'il relève le ton des organes digestifs affaiblis par la chaleur et la transpiration. Si pris modérément il peut être utile dans ces climats, il faut aussi en redouter les excès ; les médecins qui ont observé la fièvre jaune en Amérique, nous disent qu'elle attaque ordinairement les nouveaux débarqués, et principalement ceux qui abusent des boissons alcooliques.

Les excès de cette liqueur pourraient bien occasioner aussi des fièvres ataxiques, cérébrales, la frénésie, maladies auxquelles prédispose un soleil brûlant.

Dans les pays tempérés, l'usage du vin doit être mixte.

6°. *Saisons.* — 1°. *Hiver.* — En hiver on doit boire du vin ; on mange plus dans cette saison

8.

que dans toute autre de l'année. Cette liqueur est nécessaire pour maintenir le ton de l'estomac dans un degré convenable à de bonnes digestions; d'ailleurs les forces sont en quelque sorte concentrées; on ne sue pas en hiver; le vin est très-favorable pour donner plus d'expression au principe vital.

2°. *Printemps.* — Au printemps on doit se priver de vin, on doit y mettre beaucoup d'eau, afin de diminuer la disposition inflammatoire de cette saison; les forces digestives étant en hiver plus actives, l'assimilation étant plus grande, les sueurs nulles ou presque nulles, il doit nécessairement en résulter un état pléthorique, d'autant plus à craindre au printemps, qu'à cette époque tout se réveille dans la nature, tout reçoit une impulsion nouvelle.

3°. *Eté.* — Le vin doit être pris modérément en été, et pour les mêmes raisons que j'ai déjà exposées en parlant des pays chauds.

4°. *Automne.* — En automne le vin ne peut être qu'utile, si surtout cette saison est humide et froide; il sera convenable à ceux qui habitent des pays marécageux, qui se trouvent desséchés par les chaleurs de l'été, répandant des miasmes malfaisans : l'usage du vin augmentant l'énergie des propriétés vitales, les mettra à même de résister plus long-temps à l'influence des agens délétères.

VINAIGRE, s. m., *acetum* des Latins, οξος des Grecs. Liqueur acide et spiritueuse produite par la fermentation qui succède à la fermentation vineuse dans les substances végétales, ou qui contient des principes des végétaux, et qu'on nomme, par cette raison, fermentation acide ou acéteuse.

Propriétés physiques du vinaigre.

Il a une couleur ou rouge ou blanche plus ou moins jaunâtre: sa saveur est aigre, piquante, assez forte; son odeur est un peu vive, légèrement aromatique, et n'a rien de désagréable.

Analyse chimique.

Ce corps, pouvant être formé par des liqueurs différentes, doit nécessairement varier dans sa composition. Il est donc impossible d'en donner une analyse applicable à tous les vinaigres et même une analyse rigoureuse pour ceux faits avec une même espèce de liqueur; le vinaigre de vin qui diffère aussi, suivant l'espèce de vin qui l'a fourni, contient de l'acide malique, de l'acide citrique, du tartre acidule de potasse et de chaux, une matière extractive, colorante, et quelquefois un peu de mucilage; on y trouve aussi du sulfate de potasse et une petite quantité de sulfate de chaux.

On ne trouve dans le vinaigre de bière ni acide malique, ni tartre acidule, on y trouve une matière végéto-animale à laquelle est due sa plus grande tendance à s'altérer.

Le vinaigre de cidre contient une certaine quantité d'acide malique, et une moins grande

quantité de matière végéto-animale. L'acide acétique fait la base de tous.

Outre ces principes, on y voit une espèce d'animaux microscopiques que l'on a nommés très-
improprement anguilles, et qui sont de la classe
des infusoires. La description de ces petits êtres
est longuement faite dans les éphémérides curieux
de la nature (année 1698, page 90 et suiv.),
ainsi que celle des petites mouches auxquelles on
pensait alors qu'ils donnaient naissance. L'auteur de cet article, pour faire monter très-loin la
découverte de ces animaux, cite cette phrase
d'Aristote : οι δε κωνωπες οι γινονται εκ της περι τοοξος;
et pour en venir à son but, il l'a traduit ainsi :
*vinarii culices ex vermiculis qui fœce vini
acescente gignuntur originem ducunt.* Cette
traduction ne me paraît pas littérale, et le texte
ne me semble pas prouver qu'Aristote connût ces
animaux, queles naturalistes modernes nomment
vibrio-aceti.

Le vinaigre en contient d'autant plus qu'il commence à s'altérer; son altération est plus prompte
quand on le laisse sur la lie. Pour la prévenir,
Scheele a donné un moyen bien facile ; il suffit de
le soumettre à l'ébullition pendant quelques minutes : mais je reviendrai plus tard sur ce sujet.

Propriétés chimiques.

Comme tous les acides, le vinaigre rougit la
teinture de tournesol.

Mis dans une cornue et exposé à la chaleur, il
se volatilise; les premières portions qui passent

contiennent beaucoup d'eau, de l'alcool et un peu d'acide; elles ont une odeur vive, flagrante, alcoolique. On obtient ensuite une liqueur acide très-blanche, d'une odeur aigre, d'une saveur plus acide; c'est ce que l'on a long-temps appelé acide acéteux, et qui n'est autre chose que de l'acide acétique étendu d'eau; il reste dans la cornue des sels qui retrouvent dans le vinaigre plus du charbon.

Les gommes, le camphre, et plusieurs autres principes des végétaux, sont dissous par le vinaigre.

Préparation et conservation du vinaigre.

On prépare le vinaigre par plusieurs procédés, 1° par l'exposition du vin à l'air libre; 2° par le séjour du vin sur les rafles de raisin qu'on transvase alternativement d'un tonneau dans un autre; 3° et par le mélange du vin et du vinaigre déjà fait à une température de 25° $+$ o. Ce dernier moyen mérite quelques explications; il est mis en usage à Orléans. On introduit dans une futaille trente pintes de bon vinaigre; au bout de deux jours de repos, on verse, par un trou pratiqué à cet effet, dix pintes de bon vin; on réitère cette addition de vin de trois jours en trois jours, jusqu'à ce que la futaille soit à moitié pleine; alors on retire de suite en huit jours dix pintes de vinaigre qu'on a soin de remplacer par de bon vin. De cette manière, le vinaigre continue à se former pendant plusieurs années entières; on décolore ensuite le vinaigre qui est encore rouge en le laissant séjourner quelque temps sur des copeaux de hêtre qui ont la singulière propriété de dépouiller le vinaigre de tout son principe colorant. Ces copeaux peuvent servir long-temps ; il suffit de les laver de temps à autre, pour les débarrasser de la couleur qu'ils ont extraite ; mais ils finissent néanmoins par perdre cette propriété, et alors il est nécessaire de les renouveler.

On a cru mal à propos que la présence de l'air était indispensable pour opérer la fermentation acéteuse, on sait par des expériences positives qu'elle peut avoir lieu dans le vide en mêlant de l'eau-de-vie et du ferment ; il se forme dans quelque temps et sans le contact de l'air du vinaigre très-fort.

C'est à tort qu'on a cru aussi que le vinaigre n'était que du vin oxigéné ; on s'étaie à cet égard d'une expérience du physicien Rosier, qui avait adapté une vessie pleine d'air au goulot d'une bouteille de vin d'abord respirable, et qui ne l'était plus à la fin de l'expérience. Il assurait que c'était l'oxigène qui avait passé dans le vin, puisque le résidu aéré éteignait les bougies : il est vrai que l'oxigène est d'abord absorbé dans la formation du vinaigre ; mais ce gaz ne reste pas dans le vin, il ne se combine pas avec ce fluide. M. Théodore de Saussure a prouvé que, dans ces circonstances, l'oxigène était remplacé par un volume égal d'acide carbonique. Il est donc probable que cette combinaison a lieu aux dépens d'une portion du carbone, de l'alcool ; au reste, c'est ce qui n'est encore qu'hypothétique.

Tous les vinaigres ne se conservent pas également bien ; cela dépend de la nature des substances avec lesquelles on les a préparés ; ainsi les vins qui sont riches en alcool en conservent encore une partie après l'acétification ; ce qui les garantit d'une prompte altération , et qui leur donne cette saveur et cette odeur si recherchées dans les bons vinaigres. Celui obtenu avec des graines céréales ne se conserve pas long - temps, parce qu'il contient une matière végéto-animale qui le prédispose à sa décomposition. Scheele a proposé, ainsi que je l'ai déjà dit, d'obvier à cet inconvénient en faisant bouillir l'acide; on a encore proposé la décoction de noix de galle , mais ce procédé est moins bon que celui de Scheele.

Des vinaigres composés.

Pour rendre le vinaigre plus agréable et plus généralement utile, on le charge de la partie odorante et acide de plantes qu'on a eu la précaution auparavant de monder , diviser et de puiser leur humidité surabondante par une dessiccation forte et prompte, autrement leur eau de végétation passerait bientôt dans le vinaigre en échange de l'acide que celui-ci leur fournirait, ce qui diminuerait son action et l'exposerait bientôt à s'altérer. Une autre considération, c'est que, dans ce cas, le vinaigre blanc doit être employé de préférence pour la préparation des vinaigres composés, qu'il faut que les végétaux aromatiques n'y séjournent que le moins possible, et quand une fois l'acide s'est emparé de tout ce qu'il peut extraire, il n'y a pas un moment à perdre pour les séparer, par la raison qu'ils réagissent sur l'acide comme la lie sur le vin et les décomposent. Voici quelques exemples de ces vinaigres dont on trouve des recettes plus ou moins imparfaites dans les traités d'économie domestique.

Les framboises, l'estragon, le sureau et les roses ayant été les premiers végétaux mis à macérer dans le vinaigre, il paraît juste de faire connaître les procédés d'après lesquels on peut parvenir à faire ces vinaigres, sans qu'ils soient exposés à perdre en peu de temps leur transparence, et à se recouvrir d'une pellicule épaisse et visqueuse, qui détruit insensiblement leur force, au point que souvent on est obligé de les jeter.

Vinaigre de framboises.

On met dans une cruche autant de framboises mûres et bien épluchées qu'elle peut en contenir; on verse par-dessus deux à trois pintes de vinaigre, et après huit jours de macération au soleil, on jette le vinaigre et les framboises sur un tamis de crin; la liqueur passée sans expression, claire et saturée de l'arôme du fruit, est distribuée dans des bouteilles avec la précaution d'ajouter une couche d'huile.

Vinaigre d'estragon.

Après avoir épluché l'estragon, on l'expose quelques jours au soleil : quand il est fané et non séché, on le met dans une cruche que l'on remplit de vinaigre; on laisse le tout en macération pendant quinze jours; au bout de ce temps on décante la liqueur, on exprime le marc et on filtre, soit au coton, soit au papier gris, pour être mis en bouteilles qu'on tient bien bouchées et dans un endroit frais.

Vinaigre surard.

On choisit des fleurs de sureau au commencement de leur épanouissement; on les épluche, en ne laissant aucune partie de la tige, qui donnerait de l'âcreté; on met ces fleurs à demi séchées dans le vinaigre, et on expose la cruche bouchée à l'ardeur du soleil pendant deux semaines; on décante ensuite, on exprime et on filtre comme ci-dessus.

Si, comme on le recommande dans tous les livres, on laissait le vinaigre surard sur son marc, sans passer pour s'en servir au besoin, loin d'avoir plus de qualité, il se détériorerait bientôt, parce que, dans cet état, il serait sur la voie de la décomposition; il convient donc de séparer le marc et de distribuer cette liqueur dans des bouteilles.

Vinaigre rosat.

On obtient un vinaigre agréable pour le goût et pour la couleur, avec du vinaigre blanc dans lequel on a mis à infuser au soleil, pendant une semaine, des roses effeuillées; mais il faut avoir soin d'exprimer fortement le marc, de filtrer la liqueur, et de la distribuer dans des vases bouchés. C'est en suivant ce procédé qu'on prépare un vinaigre d'un goût très-agréable avec des fleurs de vinaigrier sauvage, en l'exposant de la même manière au soleil.

Vinaigre composé pour les salades.

Il arrive souvent que l'on mêle ensemble les trois vinaigres dont il vient d'être question, ou bien que les fleurs dont ils portent le nom sont réunies et mises à infuser dans le même vinaigre, ce qui forme cependant deux vinaigres différens ; mais voici une composition qui parait suppléer à ce qu'on appelle vulgairement la fourniture de salade.

Prenez de l'estragon, de la sarriette, de la civette, de l'échalote et de l'ail, de chaque trois onces, une poignée de sommités de menthe, de baume. Le tout, séché, divisé, se met dans une cruche avec huit pintes de vinaigre blanc ; on fait infuser pendant quinze jours au soleil ; au bout de ce temps on verse le vinaigre, on exprime, on filtre ensuite, et on garde le produit dans des bouteilles parfaitement bouchées.

Action physiologique du vinaigre.

Je suis loin de penser que le vinaigre introduit dans l'économie animale s'y comporte, avec les différentes parties qui s'y trouvent en contact avec lui, comme il le ferait si elles étaient dépourvues de vie ; cependant il est certains faits d'analogie démontrés par l'observation, dont je vais rapporter les plus saillans.

Le vinaigre est un des moyens les plus usités
pour cailler le lait, et il est prouvé que les nour-
rices qui en font usage donnent un lait qui se caille
avec la plus grande facilité ; le même phénomène
a lieu pour celui de vaches nourries avec des
plantes acides.

M. Vauquelin a observé que, de tous les acides,
l'acétique est celui qui agit sur les substances
animales avec le plus de force; il dissout la fibrine.
On sait, comme le prouve le fait rapporté par
M. Pelletan, page 291, que les parois de l'estomac
s'amincissent par un long usage de ce liquide.

Mais j'abandonne ces rapprochemens, qui ré-
pugnent toujours plus ou moins à la saine phy-
siologie.

Le vinaigre, appliqué momentanément sur la
peau, cause un léger prurit; si l'application est prolongée, il l'arrête et finit par y déterminer une
inflammation sur les parties qu'une peau très-
mince recouvre, telles que les lèvres ; et à l'origine
des membranes muqueuses, telles que la conjonctive, les gencives, la langue, son action est
plus marquée; il y produit un sentiment doulou-
reux plus ou moins fort ; il en altère la couleur
qui devient pâle et quelquefois noirâtre.

Si l'épiderme est enlevé, une douleur vive se
fait ressentir, l'inflammation s'allume, la partie
dénuée se contracte; mais si l'on en continue
l'application, l'effet devient de moins en moins
sensible, et finit par disparaître. Cet acide se comporte à peu près de la même manière sur les surfaces profondément dénuées, avec cette diffé-

rence que les douleurs sont moins vives, la peau jouissant d'un plus haut degré de sensibilité que les parties subjacentes.

Le vinaigre produit une légère irritation dans l'estomac ; chez les uns il cause de la cardialgie, chez les autres il la guérit ; il ralentit la circulation, il apaise la soif, il occasione un sentiment de froid, il augmente la sécrétion de l'urine.

L'usage continuel et immodéré du vinaigre rend l'estomac incapable de digérer les alimens ; il irrite la poitrine, cause la toux ; quelquefois il détermine la phthisie ; les viscères abdominaux se tuméfient, l'abdomen se tend, la constipation survient, les matières fécales se décolorent et prennent une odeur moins désagréable ; d'autres fois il y a dévoiement, la bile devient plus pâle, les urines sont claires et abondantes ; quelquefois il se déclare un diabetès ; la peau la plus vermeille prend une couleur pâle et blanchâtre ; la flaccidité des membres remplace leur fermeté primitive ; la peau se relâche, la maigreur devient à son comble ; souvent enfin une infiltration générale annonce la mort prochaine.

Usage du vinaigre dans l'économie domestique.

Il n'est point d'assaisonnement plus utile et plus fréquent. Peu de mets nous sont offerts sans avoir été assaisonnés avec un peu de vinaigre ; il en couvre la fadeur et leur donne un goût qui plaît généralement. Il sert à conserver les substances animales qui sont destinées à nos besoins ; on le fait macérer sur des substances végétales ; il

s'empare de leur saveur et de leur arôme, et acquiert ainsi des qualités qui flattent le goût : j'ai
indiqué plus haut quelques-uns de ces vinaigres.

Des vinaigres frelatés et des moyens de les reconnaître.

On ajoute quelquefois au vinaigre, pour lui
donner un plus haut degré d'acidité, de l'acide
sulfurique, ou de l'acide muriatique, ou de l'acide nitrique. Le plomb et le cuivre surtout forment la plupart des ustensiles de nos cuisines, et
très-facilement solubles dans le vinaigre, s'y rencontrent quelquefois. Certains confiseurs, pour
donner la couleur verte aux fruits qu'ils conservent dans le vinaigre, y ajoutent une pièce de
monnaie de cuivre, ou seulement un morceau de
ce métal.

Comme des accidens graves peuvent résulter
de ces différens mélanges, je crois qu'il n'est pas
hors de mon sujet de parler des moyens propres
à les faire connaître.

Pour déterminer la présence de l'acide sulfurique dans le vinaigre, les auteurs disent qu'il
faut y ajouter quelques gouttes d'une dissolution
de murlate de baryte, et que le précipité blanc, insoluble dans l'eau et dans l'acide nitrique, est une
preuve qu'il existe de l'acide sulfurique libre : il
est facile de prouver que ce procédé est tout-à-fait
vicieux. J'ai dit plus haut que le vinaigre contenait du sulfate de chaux en petite quantité et du
sulfate de potasse. On sait que la baryte s'empare
de l'acide sulfurique, dans quelque état qu'elle le

trouve : on doit donc toujours avoir ce précipité quand on verse une dissolution de cet alcali dans du vinaigre, et l'expérience vient à l'appui de ce que j'avance.

On parvient à des résultats plus heureux par le moyen suivant : on ajoute de la chaux dans le vinaigre : il se forme un sulfate de chaux insoluble ; on le recueille, on le mêle avec du carbonate de potasse, et on fait bouillir pendant deux heures. Il se forme un carbonate de chaux insoluble et un sulfate de potasse soluble ; on filtre, et on fait évaporer la liqueur. On peut alors traiter le sulfate de potasse obtenu par la baryte : on a un précipité blanc de sulfate de baryte insoluble dans l'eau et dans l'acide nitrique, et qui n'est pas formé aux dépens des sulfates du vinaigre, puisqu'ils n'ont pas été décomposés. On peut encore mêler le sulfate de potasse avec du charbon, et échauffer fortement dans un creuset : ce sel se décompose ; il se forme un sulfate de potasse qui, mis dans l'eau, donne l'odeur de gaz hydrogène sulfuré.

Le moyen indiqué pour reconnaître l'acide muriatique est également vicieux ; s'il se rencontre quelque muriate dans le vinaigre, le nitrate d'argent se comportera comme s'il y avait de l'acide muriatique libre. Pour éviter cet écueil, il suffit de distiller le vinaigre ; l'acide muriatique se volatilise avec le vinaigre, et l'on traite alors par le nitrate d'argent ; un précipité caillebotté, insoluble dans un excès d'acide nitrique, soluble dans l'ammoniaque, décèle la présence de l'acide libre.

Veut-on s'assurer qu'il y a de l'acide nitrique dans le vinaigre, il faut le saturer par la potasse, l'évaporer jusqu'à siccité, mettre une partie du résidu sur les charbons ardens ; si elle fuse, c'est un nitrate, ou un nitre, ou un muriate suroxygéné : on se sert de l'acide sulfurique pour reconnaître chacun de ces sels. Mis avec un nitrate, on a une légère vapeur blanche, ou avec un nitre, une vapeur rougeâtre ; avec un muriate suroxygéné, une vapeur verte : la vapeur blanche indique qu'il y a un nitrate, mais elle n'indique pas qu'il y a de l'acide nitrique libre dans le vinaigre ; car celui-ci contenant quelquefois un peu de nitrate de chaux ou de magnésie, ce phénomène doit avoir lieu. Pour avoir des résultats certains, il faut d'abord traiter le résidu par l'alcool très-concentré ; le nitrate de potasse n'y étant pas soluble, on pourra alors le reconnaître par les moyens ci-dessus.

Pour y découvrir le plomb, il faut commencer par goûter. Tous les sels de plomb ont une saveur sucrée et styptique. L'hydrogène sulfuré et le sulfate de potasse donnent un précipité noir ; mais ce signe est d'une faible valeur, car quelquefois il y a un précipité sans qu'il y ait du plomb. L'acide sulfurique, ou un sulfate quelconque, donne un précipité blanc (sulfate de plomb), l'acide chromique un précipité jaune (chromate de plomb) ; le meilleur moyen de tous, et le plus facile, c'est d'évaporer le vinaigre et d'en calciner le résidu : de cette manière, on obtient le plomb à l'état métallique.

Le vinaigre contient du cuivre, si en versant de l'ammoniaque on a un précipité qui se redissout dans un excès de cet alcali, et qui donne une belle couleur bleue à toute la liqueur; si l'on a un précipité marron par le prussiate de potasse ; si avec l'arséniate de potasse l'on a un beau vert (vert de Scheele); si en plongeant dans la liqueur une lame de fer, ou un bâton de phosphore, on le voit se couvrir d'une couche de cuivre; enfin si avec un hydro-sulfure il se forme un précipité noir (sulfure de cuivre insoluble dans l'eau). Il y a aussi dans cette dernière expérience formation d'eau.

FIN.